AGENTE
DE
INFLUÊNCIA

AGENTE DE INFLUÊNCIA

COMO USAR HABILIDADES DA CIA PERSUADIR QUALQUER UM , VENDER QUALQUER COISA E CRIAR UM NEGÓCIO BEM-SUCEDIDO

JASON HANSON
Autor best-seller do New York Times

ALTA BOOKS
E D I T O R A
Rio de Janeiro, 2020

Agente de Influência
Copyright © 2020 da Starlin Alta Editora e Consultoria Eireli. ISBN: 978-85-508-1504-6

Translated from original Agent of Influence. Copyright © 2019 by Jason Hanson. ISBN 978-0-06-289274-4. This translation published and sold by permission of HarperCollins Publishers, the owner of all rights to publish and sell the same. PORTUGUESE language edition published by Starlin Alta Editora e Consultoria Eireli, Copyright © 2020 by Starlin Alta Editora e Consultoria Eireli.

Todos os direitos estão reservados e protegidos por Lei. Nenhuma parte deste livro, sem autorização prévia por escrito da editora, poderá ser reproduzida ou transmitida. A violação dos Direitos Autorais é crime estabelecido na Lei nº 9.610/98 e com punição de acordo com o artigo 184 do Código Penal.

A editora não se responsabiliza pelo conteúdo da obra, formulada exclusivamente pelo(s) autor(es).

Marcas Registradas: Todos os termos mencionados e reconhecidos como Marca Registrada e/ou Comercial são de responsabilidade de seus proprietários. A editora informa não estar associada a nenhum produto e/ou fornecedor apresentado no livro.

Impresso no Brasil — 1ª Edição, 2020 — Edição revisada conforme o Acordo Ortográfico da Língua Portuguesa de 2009.

Gerência Editorial	**Produção Editorial**	**Marketing Editorial**	**Editores de Aquisição**
Anderson Vieira	Editora Alta Books	Lívia Carvalho	José Rugeri
		marketing@altabooks.com.br	j.rugeri@altabooks.com.br
Gerência Comercial	**Produtor Editorial**		Márcio Coelho
Daniele Fonseca	Illysabelle Trajano	**Coordenação de Eventos**	marcio.coelho@altabooks.com.br
		Viviane Paiva	
		eventos@altabooks.com.br	

Equipe Editorial		**Equipe Design**
Adriano Barros	Meira Santana	Ana Carla Fernandes
Ian Verçosa	Nathally Freitas	Larissa Lima
Juliana de Oliveira	Raquel Porto	Paulo Gomes
Laryssa Gomes	Rodrigo Dutra	Thais Dumit
Leandro Lacerda	Thales Silva	Thauan Gomes
Maria de Lourdes Borges	Thiê Alves	

Tradução	**Revisão Gramatical**	**Revisão Técnica**	**Diagramação**
Ana Gabriela Dutra	Hellen Suzuki	Marcelo Pelegrino de Castro	Lucia Quaresma
	Thamiris Leiroza	Especialista em Proteção Pessoal e de	
Copidesque		Autoridades Brasil e USA	**Capa**
Eveline Machado			Larissa Lima

Publique seu livro com a Alta Books. Para mais informações envie um e-mail para autoria@altabooks.com.br
Obra disponível para venda corporativa e/ou personalizada. Para mais informações, fale com projetos@altabooks.com.br

Erratas e arquivos de apoio: No site da editora relatamos, com a devida correção, qualquer erro encontrado em nossos livros, bem como disponibilizamos arquivos de apoio se aplicáveis à obra em questão.

Acesse o site **www.altabooks.com.br** e procure pelo título do livro desejado para ter acesso às erratas, aos arquivos de apoio e/ou a outros conteúdos aplicáveis à obra.

Suporte Técnico: A obra é comercializada na forma em que está, sem direito a suporte técnico ou orientação pessoal/exclusiva ao leitor.

A editora não se responsabiliza pela manutenção, atualização e idioma dos sites referidos pelos autores nesta obra.

Ouvidoria: ouvidoria@altabooks.com.br

Dados Internacionais de Catalogação na Publicação (CIP) de acordo com ISBD

H251a   Hanson, Jason
          Agente de Influência: como usar habilidades da CIA para persuadir qualquer um, vender qualquer coisa e criar um negócio bem-sucedido / Jason Hanson ; traduzido por Ana Gabriele. - Rio de Janeiro : Alta Books, 2020.
          288 p. : il. ; 16cm x 23cm.

          Tradução de: Agent of Influence
          ISBN: 978-85-508-1504-6

          1. Negócios. 2. Vendas. 3. Persuasão. 4. Agente de Influência. I. Gabriele, Ana. II. Título.

2020-719   CDD 658.4012
                                                             CDU 65.011.4

Elaborado por Vagner Rodolfo da Silva - CRB-8/9410

Rua Viúva Cláudio, 291 — Bairro Industrial do Jacaré
CEP: 20.970-031 — Rio de Janeiro (RJ)
Tels.: (21) 3278-8069 / 3278-8419
www.altabooks.com.br — altabooks@altabooks.com.br
www.facebook.com/altabooks — www.instagram.com/altabooks

ASSOCIADO CBL Câmara Brasileira do Livro

Para todos os empresários e vendedores, heróis desconhecidos que contribuem para fazer dos EUA o melhor país do mundo. Para os homens e as mulheres incrivelmente corajosos da CIA, os melhores vendedores do planeta.

Oportunidades surgirão. Reconheça-as, aproveite-as.

— Robert Ludlum, *A Supremacia Bourne*

NOTA DO AUTOR

Sou eternamente grato aos homens e às mulheres da CIA que compartilham suas histórias comigo. Assegurei a todos que protegeria sua privacidade. Como se pode imaginar, privacidade é de suma importância para aqueles que trabalham na área da inteligência. Por isso, todos os nomes e detalhes de identificação foram modificados, e as histórias foram editadas para terem clareza e garantir que seriam entendidas pelas pessoas que não trabalham na área. Em alguns casos, datas e/ou locais foram alterados. Novamente, as mudanças foram essenciais para garantir a privacidade de todos que colaboraram com este livro.

AGRADECIMENTOS

Sou imensamente grato aos meus mentores, os melhores agentes e vendedores do mundo. (Principalmente pela sabedoria para lidar com situações críticas que surgem ao longo da vida — *"Você pode dar uma desculpa para se safar, se mandar ou correr o risco de não escapar."*)

Este livro não existiria sem os esforços de muitas pessoas. Agradeço a Matthew Daddona, meu editor, pela dedicação, empenho e diligência. Gostaria de agradecer também a todos da Dey Street que possibilitaram a realização deste livro: Lynn Grady, Carrie Thornton, Kendra Newton, Alison Hinchcliffe, Kelly Rudolph, Benjamin Steinberg, David Palmer, Nyamekye Waliyaya, Andrea Molitor, Melanie Bedor, Suet Chong, Renata De Oliveira e Ploy Siripant. Obrigado a Kirsten Neuhaus da Foundry, minha agente, e Paula Balzer por me ajudar a colocar em prática a minha visão. Como sempre, agradeço à minha maravilhosa esposa, Amanda: jamais conseguiria concretizar nada sem seu apoio. Por fim, obrigado aos incríveis homens e mulheres da CIA que trabalham incansavelmente para proteger nossa grande nação.

SUMÁRIO

INTRODUÇÃO: **HABILIDADES DE AGENTE DA CIA SÃO ÓTIMAS HABILIDADES DE NEGÓCIOS** 1

CAPÍTULO 1: **O REFLEXO DA CONFIANÇA** 7

PARTE UM: CICLO IADR OU TÉCNICA DE VENDAS MAIS EFICAZ DO MUNDO

CAPÍTULO 2: **IDENTIFICAÇÃO:** *Como Identificar Rápido as Pessoas que Ajudarão Sua Empresa a Prosperar* 35

CAPÍTULO 3: **ACESSO:** *Como Saber Rapidamente Se Alguém Será Seu Próximo Cliente ou um Contato Valioso* 57

CAPÍTULO 4: **DESENVOLVIMENTO:** *O Poder das Alianças Estratégicas* 83

CAPÍTULO 5: **RECRUTAMENTO:** *Partir para o Ataque e Sempre Ganhar* 107

CAPITULO 6: **O CICLO IADR PARTE CINCO, VULGO (T):** *Como Transferir ou Terminar uma Relação para a Máxima Produtividade* 125

CAPÍTULO 7: **MONTANDO O QUEBRA-CABEÇA:** *Como Apliquei o Ciclo IADR para Criar Campanhas de Marketing Milionárias* 147

PARTE DOIS: HABILIDADES DE AGENTE SECRETO APRIMORADAS: COMO LEVAR SUA EMPRESA A UM NOVO PATAMAR

CAPÍTULO 8: **LEALDADE SUPERIOR:** 173

CAPÍTULO 9: **PREPARAÇÃO EXTREMA:** *Prepare-se Continuamente* 181

CAPÍTULO 10: **ESTEJA SEMPRE APTO A APRENDER**   195

CAPÍTULO 11: **CONSCIÊNCIA ATIVA:** *Tática Simples que Pode Transformar Seu Negócio*   203

CAPÍTULO 12: **ELIMINAR, NÃO ACUMULAR:** *Como Executar uma Operação Bem-sucedida com Menos*   211

PARTE TRÊS: COMO PROTEGER SEU ATIVO MAIS IMPORTANTE

CAPÍTULO 13: **TESTE DA INTEGRIDADE:** *Como Montar Sua Equipe com Pessoas Honestas*   219

CAPÍTULO 14: **SEGURANÇA CIBERNÉTICA:** *Maneiras Fáceis de Se Manter Seguro*   227

SEÇÃO BÔNUS   239

COMO SE TRANSFORMAR EM UMA PERSONALIDADE DA MÍDIA E GANHAR DINHEIRO PARA O SEU NEGÓCIO   239

AGENTE
DE
INFLUÊNCIA

INTRODUÇÃO

HABILIDADES DE AGENTE DA CIA SÃO ÓTIMAS HABILIDADES DE NEGÓCIOS

Desde o primeiro dia em que um agente secreto inicia seu treinamento, ele está preparado para se tornar o melhor vendedor do mundo. No entanto, agentes da CIA não vendem um produto comum. O produto que eles vendem é traição. Se um agente secreto não fechar um acordo, ele pode acabar sendo morto ou passar o resto da vida dentro de uma prisão estrangeira.

A traição, que geralmente é definida como trair o próprio país, é um item muito difícil de vender, principalmente porque a punição é implacável. Nos Estados Unidos, quando Ethel e Julius Rosenberg foram condenados por conspirar para compartilhar segredos atômicos com a União Soviética na década de 1950, eles foram executados na cadeira elétrica. As punições por traição em todo o mundo também incluem enforcamento, decapitação, ser queimado na fogueira ou, mais comumente hoje, prisão perpétua. Cometer traição é um grande risco que traz enormes consequências, mas os agentes secretos são especificamente treinados para levar as pessoas a correrem esse risco e para fazê-las pensar que *a ideia foi delas*. Eles recebem treinamento para:

> Ser bastante confiante para fazer com que uma pessoa realize qualquer solicitação, por mais estranha ou absurda que seja, de forma incrivelmente rápida.

> Ser considerado uma pessoa de confiança, ou seja, alguém em que todos querem confiar, revelar seus segredos, preocupações e até mesmo seus piores medos.

> Espelhar sutilmente o comportamento alheio, para criar a impressão de que há interesses em comum com seus alvos.

> Irradiar empatia e preocupação verdadeira com seus alvos. A empatia é fundamental para o sucesso.

> Analisar grande quantidade de informações para obter pistas do que pode ajudar ou prejudicar uma missão.

> Praticar a disciplina no mais alto nível. Agentes Secretos são metódicos, dedicados e comprometidos, e se esforçam para manter o melhor condicionamento físico.

> Ser flexível e colaborativo. As coisas dão errado a todo momento, mas isso não pode impedir o êxito de uma missão.

O que estou prestes a ensinar neste livro pode mudar o modo como você vende seu produto para outras pessoas — seja uma marca, um negócio, uma ideia. Se há uma característica que diferencia agentes da CIA de "pessoas comuns" é nossa capacidade de agir, reagir e se adaptar *com confiança*. Até o momento, meus livros se

HABILIDADES DE AGENTE DA CIA SÃO ÓTIMAS HABILIDADES DE NEGÓCIOS

concentraram em várias táticas que podem manter você e sua família a salvo; e, embora eu esteja sempre comprometido em compartilhar informações sobre segurança pessoal e sobrevivência, percebi que meu treinamento profissional me proporcionou benefícios complementares que são extremamente úteis no mundo dos negócios ou para melhorar a vida cotidiana.

Eu garanto: este não é outro livro típico de autoajuda sobre como aumentar a confiança e, assim, tornar-se mais bem-sucedido. Há milhões de livros sobre o assunto, e eu não vou adicionar outro ao monte. Neste livro, vou ensiná-lo a usar a arma ultrassecreta que todo agente secreto carrega em seu arsenal: a mentalidade operacional. Quando você é treinado como agente secreto, aprende muito mais do que apenas se defender ou disparar uma arma contra um criminoso. Ser um bom agente secreto, preparado para defender os cidadãos dos EUA contra inimigos que desejam prejudicar a nação, não compreende apenas a sobrevivência física, mas também algo muito mais sutil e complexo. A mentalidade operacional inclui essa combinação elusiva e atraente de características — simpatia, empatia, confiança e inteligência — que possibilita que uma pessoa obtenha êxito facilmente. Em outras palavras, a mentalidade operacional é uma excelente *estratégia de vendas*.

Quando comecei meu treinamento, nunca imaginei que, alguns anos depois, as habilidades adquiridas na CIA me colocariam na posição ideal para prosperar como empreendedor. Mas em 2010, após sete anos trabalhando para a agência, eu estava pronto para seguir em frente. Eu queria construir algo a partir do zero e trabalhar do meu jeito. Idealizei uma empresa por meio da qual eu compartilharia táticas de segurança e sobrevivência com todas as pessoas, desde donas de casa e universitários a indivíduos e celebridades com elevado patrimônio. Na época, até meu pai achou que eu era louco. Ele não podia acreditar que eu deixaria um emprego tão estável, especialmente depois de todos os obstáculos que superei para ser aceito na CIA. Era uma grande mudança, e eu corria um grande risco, especialmente ao se considerar que apenas 20% das novas empresas sobrevivem após seu primeiro ano de funcionamento. Admito, eu estava com medo.

Avancemos apenas nove anos, e tenho orgulho de dizer que sou o proprietário de uma empresa multimilionária de muito sucesso, a Spy Escape & Evasion, que foi criada por mim (com a ajuda da minha esposa e de alguns membros incríveis da equipe, claro). Descobri que as mesmas habilidades que aprendi em meu treinamento como agente secreto me prepararam para os desafios de criar, administrar e desenvolver um pequeno negócio. Neste livro, mostrarei exatamente como usei a mentalidade operacional para construir a empresa que administro atualmente.

Serei o primeiro a admitir que sou introvertido — um sujeito reservado que trabalhou como policial na Virgínia e, posteriormente, como agente da CIA — e ninguém ficou mais surpreso do que eu quando fechei um contrato no *Shark Tank,* programa de sucesso da ABC, ou quando consegui um lugar como convidado regular ao lado de Rachael Ray ou Harry Connick Jr. em seus programas de televisão em rede nacional. Escrever um livro, muito menos três, também não estava nos meus planos. Tampouco uma temporada nos palcos de um grande cassino em Las Vegas. Sou incrivelmente grato por essas oportunidades e elas certamente me ajudaram a

HABILIDADES DE AGENTE DA CIA SÃO ÓTIMAS HABILIDADES DE NEGÓCIOS

elevar o meu negócio, mas nunca as teria conseguido sem a mentalidade operacional.

Por fim, este livro não é sobre conseguir programas de TV ou apresentações em Las Vegas (a menos que isso seja o que você realmente quer fazer, então vá em frente), mas sobre usar a mentalidade operacional para alcançar novos níveis inesperados como empreendedor ou vendedor. Talvez você queira ampliar seus negócios para poder contratar alguns funcionários. Talvez sua meta seja expandir sua empresa internacionalmente. Seja qual for seu próximo objetivo, a mentalidade operacional pode ajudá-lo a alcançá-lo.

Minha formação como agente secreto provou ser uma arma secreta muito bem-vinda quando se trata de se aventurar no mundo dos negócios, e lhe mostrarei como usar essas táticas comprovadas para alcançar um sucesso maior e duradouro, independentemente da sua área de atuação.

CAPÍTULO 1

O REFLEXO DA CONFIANÇA

CONFIDENCIAL

MISSÃO: Coletar informações de fonte(s) anônima(s) em uma ou mais localidades

PARTICIPANTE: "Tyler"

LOCALIZAÇÃO: Local secreto, Bethesda, MD., Washington, D.C.

OBJETIVO: O sujeito deve se deslocar do local secreto até a estação de metrô em Washington, D.C., para encontrar o contato anônimo, que dará maiores informações relacionadas à operação. O participante deve se comunicar com outro contato desconhecido em Washington, D.C., para obter informações sobre um potencial ato de terrorismo direcionado aos cidadãos norte-americanos.

A HISTÓRIA DE TYLER

Eu dormia profundamente quando fui despertado por uma batida forte e barulhenta na porta do meu quarto. Olhei rapidamente para o relógio e constatei que eram 3h10. Geralmente, ouvir alguém bater à porta do quarto a uma hora dessas seria preocupante, mas eu estava participando do treinamento de longa duração para ser agente da CIA em Camp Peary, local conhecido como "A Fazenda". O treinamento, com duração de dezoito meses exaustivos, é completo: você aprende desde como obter informações valiosas de um terrorista até como despistar alguém que está seguindo-o. Após a conclusão do treinamento (isto é, *se* eu conseguisse terminá-lo), eu me tornaria especialista em técnicas de espionagem. Eu seria qualificado para gerenciar, identificar e recrutar outros agentes em prol do Governo dos Estados Unidos (quando eu digo "agentes", o que realmente quero dizer é "espiões").

Era comum ser acordado no meio da noite para um exercício de treinamento; eles gostavam de nos pegar desprevenidos sempre que possível. A CIA quer que seus agentes estejam prontos para agir sem qualquer aviso. Afinal, terroristas e outros criminosos não vão esperar até que tenhamos uma boa noite de sono antes de nos atacarem, por isso devemos estar sempre preparados para entrar em ação.

Eu abri a porta com cuidado, prevendo que poderia ser um sequestro simulado, no qual me agarrariam com força, colocariam um saco em minha cabeça, me arrastariam e me manteriam em cativeiro por horas. Para meu alívio, não havia ninguém do outro lado da porta. Tudo o que vi foi um envelope marrom no chão. Abri e encontrei um pequeno pedaço de papel informando:

Wisconsin, nº 7450, Bethesda, MD, CEP 20814, 07h12

O endereço não me era estranho. Peguei meu mapa da área e rapidamente confirmei que correspondia à estação Bethesda, uma importante via para o metrô de Washington. Eu não sei o porquê, mas alguém (*quem?*) queria que eu estivesse naquele local em apenas algumas horas.

Meu desafio imediato era chegar até lá. Somos instruídos a evitar smartphones e GPS para se deslocar de um lugar para outro. Mapas (ou, melhor ainda, nossas próprias memórias) são mais confiáveis. Eu estava em um local secreto, longe do destino, e parte do teste era chegar até a estação, na hora indicada, com poucos recursos. Fracassar não era uma opção; do contrário, eu seria desligado imediatamente do treinamento.

Peguei tudo que seria razoável levar, ou seja, o dinheiro que eu tinha em mãos, uma pequena lanterna e uma garrafa de água, e me apressei em direção à rodovia para enfrentar meu primeiro desafio... que não era simples. Eu precisava encontrar alguém disposto a dar carona para um homem estranho, sozinho, até Bethesda no meio da noite. Mas se eu tinha aprendido alguma coisa na Fazenda até aquele momento era que ser bem convincente resolvia praticamente qualquer impasse.

Avistei faróis se aproximando. Acenei, mas o motorista passou direto. Não o culpei, pois eu teria feito exatamente o mesmo. Cerca de dez minutos depois, vi outro carro se aproximando. Era difícil enxergar no escuro e o veículo estava relativamente rápido. Mas quando chegou mais perto, notei que os vidros estavam abaixados e a música tocava em um volume alto. Existia uma grande possibilidade de ser um veículo repleto de universitários. Comecei a ficar animado. Poderia ser minha chance! O carro desacelerou no acostamento da estrada. Eu tive que pensar rápido. De imediato notei que o cara no banco do passageiro usava um boné azul com uma grande letra G, e isso me deu uma ideia. Eu só esperava que desse certo. "Obrigado por parar. Estou realmente em apuros aqui. Ei, vocês vão para a Georgetown? Estão voltando? Eu sou da turma de 2014. Ciências Políticas. Eu morava no dormitório Copley Hall." O homem no banco do passageiro abriu um pouco mais a janela, o que era um bom sinal. "Não, na verdade nós moramos no dormitório Kennedy."

[DICA DE AGENTE SECRETO]

Nunca se sabe quando será necessário realizar um contato rápido com alguém. Agentes da CIA se mantêm bem informados para estabelecer mais facilmente uma conexão com um alvo. Atualizar-se sobre eventos locais e lugares de interesse, como bares e restaurantes populares, universidades, instalações esportivas, lojas, espaços de prática religiosa e até parques locais, facilitará bastante o vínculo entre clientes e possíveis contatos.

"Estou caminhando há mais de uma hora", continuei. "Atropelei um cervo quilômetros atrás, meu carro está destruído e acabou a bateria do meu celular."

O cara no banco do passageiro disse: "Você quer usar o nosso celular para pedir ajuda?" Ele não era bobo, e era essencial que eu me mantivesse calmo e pensasse em uma maneira de convencê-lo a me deixar entrar no carro... naquele exato momento. Eu não queria assustá-lo.

"Isso seria ótimo, mas eu realmente preciso chegar em Bethesda ainda na madrugada, estou vindo de Virginia Beach. Tenho uma entrevista com uma empresa de consultoria e realmente quero esse emprego. Não posso arriscar chegar atrasado. Posso pagar a gasolina se puder ir com vocês." Mostrei-lhes o dinheiro, que se revelou irresistível para um grupo de garotos universitários. Enquanto um dos caras no banco de trás abriu a porta e me deu espaço para entrar, ele explicou que eles também estavam voltando de Virginia Beach.

"É mesmo? Lá é divertido, né?", perguntei. "Meus amigos e eu frequentamos um bar chamado Mel's. É ótimo, não deixem de conhecer da próxima vez." Agradeci, sentei-me e, por educação, puxei conversa pelas duas horas seguintes. Sentia-me confiante de que conseguiria. Eles me deixaram em Washington bem a tempo de me dirigir à estação Bethesda. A segunda parte do meu desafio estava prestes a começar.

O relógio da estação marcava 7h08. Eu tinha conseguido chegar dentro do prazo, mas me restava apenas alguns minutos para encontrar meu contato, que poderia ser *qualquer* pessoa. Como já era quase hora do rush, o constante fluxo de passageiros tornava meu trabalho praticamente impossível. Eu não havia recebido nenhuma informação sobre quem deveria encontrar. Olhando atentamente ao redor, iniciei um ciclo de busca.

Notei uma mulher em um vestido verde lendo jornal que olhou para o relógio algumas vezes. Era ela? Ou era o jovem com fones de ouvido à minha esquerda? Eu precisava encontrar meu contato logo ou falharia na missão.

Um trem parou na plataforma. As portas se abriram e uma jovem empresária carregando uma maleta e um jornal caminhou em minha direção. Notei-a em um relance, tão rápido que mal gravei o momento, mas meu treinamento me ensinou a ficar atento a todos ao meu redor, e eu tinha quase certeza de que ela tinha me dado um sinal. Ela jogou o jornal no lixo e caminhou em direção à saída.

Era o sinal de que eu precisava. Enfiei a mão no lixo, peguei o jornal despreocupadamente e embarquei no trem. Sentei-me e abri o jornal, esperando não ter cometido um erro e perdido meu contato. Tive o cuidado de não folhear freneticamente, para não deixar óbvio que eu procurava algo. Fui ensinado a sempre ter certeza de não estar sendo seguido, e eu não queria me tornar um alvo para outro recruta ou, pior, um instrutor pronto para me advertir por não passar despercebido. Comportei-me como se estivesse examinando o jornal em busca de reportagens interessantes, e lá estava, no alto da página três, em caneta azul, a seguinte mensagem:

The Willard InterContinental, 08h15

A próxima parada seria esse hotel. Peguei a Linha Vermelha até a estação Metro Center e caminhei em direção ao local. Notei que um homem com boné de beisebol caminhava atrás de mim a certa distância, então atravessei a rua para conferir se ele me seguiria. Ele fez o mesmo, um sinal que confirmou a minha suspeita. Eu precisava tomar cuidado com ele. Não tinha chegado tão longe para falhar.

Entrei no movimentado saguão do hotel, onde empresários e turistas começavam o dia e terminavam o café da manhã. Dada a agitação interior, posicionei-me de forma que podia visualizar o máximo possível do saguão. Foi quando eu vi o cara da rua. Na minha profissão, encontros como esse nunca são coincidência.

> ## [DICA DE AGENTE SECRETO]
>
> No mundo da CIA, temos um ditado sobre encontrar estranhos: na primeira vez é acidente; na segunda, coincidência; na terceira, ação inimiga. Com frequência, empresários de sucesso são alvos de crime (sequestro, por exemplo), principalmente se forem figuras públicas. Adquira o hábito de observar as pessoas ao redor para garantir sua segurança.

Era óbvio que o cara havia me seguido e eu precisava fazer algo a respeito. Quando me aproximei o suficiente para abordá-lo, ele sorriu e estendeu a mão para me cumprimentar. Descobri que o aperto de mão, na verdade, era um "brush pass" (quando dois agentes que se encontram realizam uma troca disfarçadamente). Certo, pensei, se ele não estava me seguindo para me prejudicar, deve ser parte da missão. Embora fosse um completo desconhecido, tive uma breve conversa convincente com ele por alguns minutos. Para qualquer um que nos observasse, parecia um diálogo entre dois conhecidos que se encontraram e estavam colocando o papo em dia. Ele me deu um tapinha nas costas e entrou no restaurante à esquerda. Depois que ele saiu, olhei o objeto que havia me entregado: a chave de um quarto. Isso explicava o motivo pelo qual ele me disse discretamente que tinha "uma reunião às 09h03" antes de ir embora. Era o número de um quarto, só podia ser. Quão mais complicada essa missão poderia ficar?

Fui para o elevador, ansioso pelo que aconteceria a seguir. Comecei a sentir o cansaço por estar acordado a noite toda, mas não podia deixar isso me distrair. Dirigi-me ao quarto e abri a porta com cautela. Apenas alguns segundos depois de ter entrado, o telefone tocou. Eu atendi, imaginando as impossibilidades que me pediriam. *Terei que voar pelo país ou descer pela lateral do prédio?* Uma voz solicitou a confirmação da minha credencial — prova de que eu era quem afirmava ser. Uma vez que minha identidade foi verificada, me pediram para ir até a frente do hotel, onde um veículo estaria esperando por mim. Fui até o saguão e saí. Um carro preto estacionou e abaixou o vidro. Eu estava determinado a manter o foco, mas ansioso com o que viria a seguir. Não tinha certeza do quanto eu poderia aguentar. Uma mão gesticulou para que eu chegasse mais perto. Aproximei-me com cuidado. Um homem sério, em um terno cinza, que parecia um pouco familiar, disse: "Entre no banco de trás, você conseguiu. Parabéns."

Dei um grande suspiro de alívio ao saber que a missão estava completa. Agora eu estava preparado para lidar com qualquer coisa que exigissem de mim.

AS QUALIDADES DE UM GRANDE AGENTE DA CIA: O Princípio É a Resistência Mental

A história de Tyler pode parecer que saiu de um filme — uma missão divertida e empolgante (e evidentemente estressante) que alguns futuros agentes secretos podem vivenciar durante o treinamento, mas na verdade é mais do que isso. Um ex-instrutor da Fazenda, a quem chamarei de Bernard para proteger sua identidade, explica melhor: "As atividades que os aprendizes realizam na Fazenda exigem uma incrível resistência mental. O treinamento físico é intenso, mas é a capacidade de lidar com o aspecto mental das missões que faz de alguém um grande agente secreto. Se você suporta a pressão, pode fazer praticamente qualquer coisa."

Como alguém que passou por intenso treinamento antes de se tornar um agente secreto, posso afirmar que as pessoas que conseguem cumprir a missão nem sempre são as que você imagina. Elas não são necessariamente as mais fortes, mais rápidas, mais aptas ou até mesmo as mais inteligentes. Lembro-me de um caso específico quando estava em treinamento e nossos instrutores tentavam nos abater fisicamente. Estávamos fazendo séries de flexões, abdominais e burpees. Era comum sermos pressionados até sentir que íamos vomitar ou morrer (na verdade, morrer seria mais rápido e faria menos sujeira!). Um dia, percebi que o cara mais forte e intimidador do grupo estava chorando. Ele tinha se descontrolado totalmente. Eu não estou necessariamente orgulhoso de como reagi — e, por favor, lembre-se de que eu estava sem dormir e fisicamente destruído —, mas comecei a rir. Eu fiquei em apuros por isso, mas eu simplesmente não conseguia acreditar que o cara mais resistente estava chorando sem parar. Porém eu estava prestes a aprender uma das lições mais importantes do meu treinamento e da minha carreira. Não muito longe, havia uma jovem pequena, mas obstinada, que era reservada e sempre passava despercebida. Conforme progredíamos no treinamento, acabei descobrindo que ela era um verdadeiro mistério que acabou por se revelar alguém excelente em cumprir tudo o que lhe pedissem. Naquele momento, era perceptível a determinação em seu rosto. Ela também estava calma e focada, o que fazia parecer que a série de exercícios que realizávamos era *fácil*. Imediatamente parei de rir. Eu precisava manter a cabeça erguida, assim como a pequena mulher que fazia flexões e burpees repetidamente.

Compreendi, então, que minha perspectiva sobre o processo determinaria minha aprovação no treinamento. Os instrutores sabiam como nos levar ao limite, mas também compreendiam que, se algum de nós realmente tivesse o necessário para realizar o trabalho exigido pela CIA, nossa resistência mental permitiria o êxito em cada desafio. Eu sobreviveria ao treinamento por causa do meu cérebro, não pelo tamanho do meu bíceps. Eu tinha que mudar completamente meu *foco*.

Daquele momento em diante, me permiti adentrar o desconhecido. Eu estava preparado para avançar, por maiores que fossem as dificuldades? Acreditava convictamente que tinha o necessário para ter êxito? Sim, claro que sim. Eu me manteria calmo ao assumir riscos calculados. Tomaria decisões rapidamente em situações difíceis. Faria o que fosse necessário para cruzar a linha de chegada, não importando o quão impossível parecesse. Essa maneira de pensar me fez superar alguns desafios incríveis. Várias vezes duvidei de mim mesmo, quando simplesmente não conseguia agir da forma certa com rapidez suficiente ou quando realmente não sabia o que fazer em seguida. Durante esses momentos difíceis, lembrava-me do compromisso que assumira comigo mesmo para ter sucesso. Busquei forças e me dediquei ao que chamei de reflexo da confiança: a forte crença interior de que sou completamente capaz de entrar em ação ou tomar a decisão certa, independentemente do que estava enfrentando.

O reflexo da confiança se tornou meu padrão. As qualidades que me tornaram um agente secreto bem-sucedido também me colocaram na posição perfeita para ter sucesso como empresário. Um dos maiores desafios que enfrentei nos negócios tinha o potencial para ser extremamente constrangedor. Em fevereiro de 2014, me tornei um participante do *Shark Tank*, programa de televisão da ABC. As chances não estavam a meu favor, pois a maioria das propostas feitas no programa é de produtos (e a principal categoria para a obtenção de financiamento é comida e bebida). Como um cara como eu, que administrava uma escola de espionagem em Utah, poderia competir? Mas nunca pensei em desistir, ainda que todos os meus conhecidos pudessem me ver falhar ao vivo na televisão. O reflexo da confiança me deu um impulso extra de poder e motivação para prosseguir, e todos os dias fico feliz por ter feito isso.

Aprendi que o reflexo da confiança é uma mistura de qualidades essenciais. Confiança é um aspecto, claro, mas um bom agente secreto, ou empresário, também é engenhoso e colaborativo, tem habilidades de resolução de problemas, é criativo, demonstra empatia e tem inteligência emocional adequada. Aproveitar essas qualidades, como detalhado a seguir, melhorará significativamente os negócios.

CONFIANÇA:
VOCÊ É 100% CAPAZ DE ATINGIR SEUS OBJETIVOS

Agentes da CIA são extremamente patriotas e acreditam em sua tarefa de proteger os EUA de forças externas que querem prejudicar a nação. Eles acreditam em sua capacidade de realizar uma missão, independentemente do que for necessário. Tyler teve que aceitar que deveria cumprir todos os aspectos da atividade designada, mesmo que não soubesse o objetivo final. Atingir qualquer que fosse a meta era sua missão final. É inaceitável que um agente secreto questione o valor de sua missão, assim como no mundo empresarial não se pode duvidar de seu produto ou serviço. Embora vendedores e empreendedores certamente não tenham que estar dispostos a morrer por seu país, eles devem demonstrar paixão eterna e perseverança se quiserem que seus negócios sejam bem-sucedidos.

Atitudes de agente secreto para aumentar a confiança:

› Estabelecer objetivos e sempre vislumbrar o resultado final.

› Acompanhar seu progresso, registrando detalhes diários sobre suas considerações e atitudes.

› Seguir em frente e realizar o que se propôs a fazer. Progredir é essencial para alcançar qualquer objetivo.

› Não se preocupar com a opinião alheia. Ser confiante de que está agindo corretamente.

› Respeitar uns aos outros ao ser honesto, mostrando integridade e esforço.

› Cuidar de seu corpo ao se exercitar e seguir um estilo de vida saudável.

ENGENHOSIDADE:
VOCÊ PODE CONSEGUIR QUALQUER COISA SEM RECURSOS

Tyler tinha que descobrir como conseguir se locomover de uma grande distância a outra sem um meio de transporte. Ele não disse: "Bem, eles não me deram um carro. Não há como chegar ao local a tempo." Seu treinamento ensinou-o a encontrar uma maneira, *qualquer uma*, que o levasse do ponto A ao ponto B. Também fui colocado em situações absurdas em que a engenhosidade era o segredo para a sobrevivência. No treinamento de sobrevivência na selva, fui deixado a 9 mil pés de altitude nas montanhas, sem recursos — sem barraca, saco de dormir, casaco (e papel higiênico). Eu imediatamente montei uma estrutura com folhas e agulhas de pinheiro na qual pudesse dormir. Fiz um abrigo com gravetos e cascas de árvore para me proteger. Quando chegou a hora de ir ao banheiro, utilizei uma folha grande para resolver o problema, mas tive que me certificar de que não era venenosa. A engenhosidade não tem limites. Se você puder passar por uma variedade de situações com recursos mínimos no mundo dos negócios, estará automaticamente se dando uma vantagem em relação à concorrência. Quando seu negócio crescer e seu acesso a recursos aumentar, você prosperará; nada poderá impedi-lo.

Atitudes de agente secreto para se tornar mais engenhoso:

› Ficar "fora do X". Essa é uma expressão que usamos no mundo da CIA para dizer que, se você não sair do alvo, morrerá. Para ser mais engenhoso, seja proativo; não espere que uma solução caia do céu.

> Lembrar a si mesmo de que já superou situações difíceis e saber que pode recorrer à sua ampla experiência para solucionar qualquer impasse.

> Não ter medo de se arriscar. Agentes da CIA aprendem e se informam constantemente. Eles se esforçam para progredir ao tentar algo novo todo mês.

> Nem sempre seguir as normas à risca. Obviamente que há um código de conduta na CIA, mas cumprir uma tarefa ou permanecer vivo às vezes exige quebrar um pouco as regras.

COLABORAÇÃO: ALGUNS OBJETIVOS SÓ PODEM SER ATINGIDOS COM AJUDA ALHEIA

Tyler não conseguiria caminhar até Washington a tempo de chegar no horário estabelecido. Isso seria impossível. Ele sabia que o segredo para superar seu primeiro grande obstáculo era encontrar alguém que pudesse ajudá-lo. Se Tyler tivesse se recusado a colaborar e utilizar os recursos de outra pessoa, não teria chegado ao local. No mundo da CIA, é importante reconhecer quando a ajuda alheia é necessária e estar pronto para colaborar. Na minha antiga profissão, havia momentos em que não agir assim resultaria em morte. Por exemplo, durante uma operação, os EUA tiveram a oportunidade única de trabalhar com um desertor no local (DIP, na sigla em inglês, é quando o informante permanece colaborando de seu país) que tinha acesso à inteligência estratégica em tempo real. Ao planejar operações como essa, há um "mad minute" ["fogo rápido", em tradução livre], no qual questões de proteção, segurança, saúde e interrupção de emergência são abordadas no início da reunião. Um plano muito específico para a transmissão de comunicações clandestinas foi estabelecido. Mas, infelizmente, nosso DIP não seguiu o combinado à risca, e esperou muito tempo para transmitir informações cruciais sobre sua segurança. Ele só solicitou ajuda quando sua família foi retirada à força de sua casa. Enquanto planejávamos uma maneira de resgatá-lo imediatamente, recebemos a notícia de que ele havia sido morto a tiros na rua. Fico feliz em dizer que, na minha atual profissão, não enfrento circunstâncias tão terríveis, mas nunca vou esquecer a lição de que pedir ajuda em tempo hábil possibilita o êxito.

Acredite ou não, eu tive a oportunidade rara de fazer apresentações limitadas sobre espionagem na Las Vegas Strip. Eu não entendia de show business e nunca havia pisado em um palco em toda minha vida. Eu conhecia minhas limitações e sabia que fracassaria sem ajuda adequada, então tive o bom senso de imediatamente procurar alguém com know-how nessa área. Eu me aliei a um profissional experiente que trabalhou com muitas pessoas, desde Jennifer Lopez até o melhor imitador de Michael Jackson. Sem seu conhecimento e experiência, o show não teria sido um sucesso. Empresários altamente bem-sucedidos são capazes de reconhecer seus pontos fortes e fracos, bem como de seus membros de equipe, e, assim, podem colaborar para alcançar o melhor resultado.

Atitudes de agente secreto para trabalhar em colaboração:

> Criar expectativas. Deixar todos os envolvidos cientes de qual é o objetivo final e o que é necessário para alcançá-lo.

- › Facilitar a comunicação. No mundo da CIA, isso significa deixar certos sinais para outros ativos, como por exemplo, quando se pretende ter uma reunião em um local preestabelecido, é comum marcar um banco de praça específico com giz; ocultar itens ou bilhetes secretos dentro de objetos predefinidos, como latas de cerveja ou pedras falsas. Embora não tão empolgante, também significa arquivar relatórios e documentos em tempo hábil.

- › Reconhecer que outras pessoas podem ter mais conhecimento em certas áreas. Parte disso consiste simplesmente em estar disposto a conhecer novos funcionários ou membros de uma organização. Mantenha a mente aberta para novas ideias e formas de pensar.

- › Tratar membros da equipe com respeito mútuo.

HABILIDADES DE RESOLUÇÃO DE PROBLEMAS: NÃO TEMA, SOLUCIONE

O treinamento de Tyler o preparara para o fato de que os problemas integram qualquer missão; sim, problemas no *plural*. Não existe uma missão perfeita (pelo menos não que eu saiba). Não se trata de ser pessimista e encarar uma situação supondo que coisas ruins acontecerão, mas de aceitar que dificuldades surgem e devem ser resolvidas como parte de qualquer empreendimento. Tyler aceitou que encontraria uma série de desafios, mas foi capaz de lidar com eles porque sua mentalidade o preparou para isso. O treinamento da CIA nos ensina que durante uma missão se deve ter um backup para seus recursos de apoio. Você nunca leva apenas uma lanterna, mas uma extra com muitas pilhas. Você não sai para a rua com uma faca, mas várias. Não há apenas um plano de fuga, mas inúmeros que consideram uma variedade de contratempos. A situação é semelhante no mundo dos negócios: você tem vários backups para tudo, desde seu disco rígido até sua lista de e-mail. Problemas acontecem quando menos esperamos — incidentes típicos ao longo da vida.

Atitudes de agente secreto para resolver problemas:

> Estar ciente dos obstáculos de curto e longo prazos.

> Manter-se receptivo a possíveis soluções e compreender que elas podem surgir de qualquer lugar.

Agentes da CIA recorrem novamente a uma solução se preciso. Eles vislumbram um resultado positivo e analisam as etapas necessárias para alcançá-lo. Se o objetivo é extrair informações de um cientista conhecido, um agente secreto localizará esse indivíduo e planejará todos os acontecimentos necessários para contatá-lo.

Agentes secretos não analisam demais, pois exagerar pode resultar em inércia. Tenho um amigo que escreve a informação secreta em papel solúvel e a esconde no revestimento de uma garrafa térmica, a qual enche de refrigerante e comprimido efervescente. Se ele constata que tem alguém o seguindo, simplesmente arremessa a garrafa, que explode, e o líquido destrói o papel solúvel. Certa noite, ele caminhava para casa e viu dois caras atrás dele. Mesmo que não tivesse certeza se o estavam seguindo, jogou a garrafa térmica e inviabilizou suas anotações. Descobriu-se que eram apenas duas pessoas comuns, mas meu amigo sabia que as consequências de errar seriam desastrosas. Conclusão? Se você hesitar, morre.

CRIATIVIDADE:
HÁ VÁRIAS MANEIRAS DE ABORDAR
DIFERENTES SITUAÇÕES

Criatividade pode parecer uma qualidade estranha para um agente secreto, mas se você se deparar com uma situação como a de Tyler, na qual era necessário conseguir uma carona no meio da noite de um completo estranho, é possível perceber o quão importante ela é. Tyler foi capaz de convencer rapidamente os caras no carro de que deveriam dar uma carona para ele, pois todos cursaram a mesma universidade e ele não queria perder uma entrevista de emprego. Foi uma história criativa inventada do nada. Os agentes da CIA geralmente precisam se apoiar em sua criatividade para ter êxito nas missões. Isso poderia implicar qualquer coisa, desde a criação de um disfarce perfeito até a fabricação de uma arma improvisada a partir de uma lata de refrigerante. A criatividade pode salvar sua vida. Todos nós já ouvimos o clichê de "pensar fora da caixa" em um momento ou outro, mas os agentes secretos estão sempre muito fora dessa caixa. Eles não podem deixar sua abordagem se tornar rotineira ou previsível. Incentivar a criatividade o manterá em vantagem.

Atitudes de agente secreto para ser criativo:

› Agentes treinam suas técnicas de espionagem. Praticam seus "brush passes", traçam rotas de detecção de vigilância e até mesmo mantêm disfarces prontos. Inevitavelmente, ao aprimorar sua técnica (seja ela qual for), você se deparará com novas abordagens e ideias óbvias, mas negligenciadas.

> Associar aspectos aparentemente não relacionáveis. Agentes da CIA sempre buscam um sentido mais amplo. Se em um restaurante há um homem conversando com uma garçonete, e outro saindo do banheiro e passando por eles, o agente secreto sabe que o encontro pode significar mais do que parece. Um "brush pass" pode ter ocorrido, ou seja, alguém pode ter entregado um objeto diretamente para outra pessoa sem que ninguém notasse.

> Não ter medo de correr riscos. Não há muitas respostas "incorretas" no pensamento criativo.

> Ignorar pensamentos negativos de que alguma ideia é ridícula.

EMPATIA: ESFORCE-SE PARA COMPREENDER O SENTIMENTO ALHEIO

A empatia de Tyler lhe permitiu perceber rapidamente que aqueles garotos no carro teriam receio, e com razão, de dar carona a um estranho no meio da noite. Isso possibilitou que Tyler adequasse sua história de modo que eles se sentissem confortáveis o suficiente para deixá-lo entrar no carro. Se Tyler se concentrasse apenas no resultado de sua missão e agisse de forma insistente e incisiva, eles ficariam apreensivos. Também foi empático ao conversar sobre os bares locais. Ele queria que todos no carro se sentissem seguros e confortáveis. Fazer com que as pessoas se sintam à vontade em várias situações pode levar diretamente ao êxito de uma missão. Os agentes secretos se preocupam com a empatia, pois são incumbidos de fazer com que estrangeiros cometam traição; criatividade é um componente crucial para o trabalho.

Meu colega Bernard cita a empatia como a principal característica que ele busca em um bom agente secreto. "O trabalho de um agente da CIA é completar a missão que lhe é dada, e isso muitas vezes envolve coletar informações de uma fonte. Você simplesmente não consegue se a pessoa não confia em você, não gosta nem quer tê-lo por perto. Os sujeitos sabem quando estão sendo usados e, se você não for autêntico em suas interações, não conseguirá obter as informações necessárias."

Atitudes de agente secreto para ser empático:

> Enxergar as situações por diferentes perspectivas.

> Abster-se de julgamentos.

> Ser bom ouvinte.

> Fazer perguntas.

> Prestar atenção total aos outros.

> Focar o bem-estar alheio.

INTELIGÊNCIA EMOCIONAL: CONTROLE SUAS EMOÇÕES E NÃO SE ABALE COM AS DOS OUTROS

Tyler agiu como um perfeito agente secreto em treinamento durante todas as etapas de sua missão. É claro que às vezes ele se preocupou de ter cometido um erro, mas reconheceu esses sentimentos e avançou. Ele não deixou que a dúvida ou a ansiedade dominasse sua tomada de decisão. Em outras palavras, mesmo que o desafio fosse assustador e frustrante, ele foi capaz de manter suas emoções sob controle e não entrou em pânico. Embora seja ótimo ter tino para os negócios, psicólogos acreditam que ser especialista em comportamento humano é realmente mais importante para o sucesso de uma pessoa. Ter uma boa compreensão da inteligência emocional é fundamental. Se não puder controlar seus sentimentos, colaborar com outras pessoas ou ter empatia, você não terá êxito. Rodney, um colega meu que realizou missões em todo o mundo, equipara a inteligência emocional com seu sucesso na área. "Boa parte disso é saber lidar com críticas. Você pode aceitá-las e aprender algo útil? Consegue ouvir críticas e ao mesmo tempo manter seu plano ou ideia original, porque no fundo sabe que a sua maneira é melhor? A sobrevivência muitas vezes depende de estar aberto a críticas, mas também saber quando ficar imune a elas."

Atitudes de agente secreto para ter inteligência emocional:

› Estar ciente de suas próprias emoções.

› Observar e ter consciência de seus próprios comportamentos.

› Refletir sobre o motivo pelo qual se manifestam determinadas emoções e comportamentos.

› Reagir às críticas apropriadamente.

OS EMPRESÁRIOS MAIS BEM-SUCEDIDOS DO MUNDO DOMINARAM O REFLEXO DA CONFIANÇA

O reflexo da confiança me ajudou a suportar algumas das semanas mais desafiadoras da minha vida. Sempre me perguntei se eu teria passado no treinamento sem ele. Embora eu não soubesse disso na época, descobri que estava me colocando na posição perfeita para ter sucesso no mundo dos negócios. Minha empresa oferece serviços de proteção para as celebridades e os políticos mais famosos. Mais de 189 mil pessoas recebem minha newsletter Spy Escape & Evasion, e nosso site exclusivo tem mais de 37 mil assinantes (visite www.SharpshooterU.com — conteúdo em inglês).

Agora que tenho minha própria empresa focada em sobrevivência e segurança, encontro ex-agentes secretos que foram incumbidos de tarefas inimagináveis — desde capturar um traficante conhecido até coletar informações em um país hostil. Meu trabalho também me põe em contato com empresários altamente bem-sucedidos que alcançaram o ápice de suas áreas, alguns deles, inclusive, se tornaram nomes conhecidos. Ficou evidente para mim que as qualidades que possibilitam que um agente secreto capture um traficante sem ser morto são as mesmas que permitem a alguém tornar um negócio bilionário ou gerir uma grande corporação internacional. Lembre-se: eu não tinha um diploma de administração nem contatos quando comecei.

À medida que ampliei meu negócio, o reflexo da confiança me deu uma enorme vantagem no que diz respeito a vendas e marketing, fazer contatos, contratar uma equipe e acompanhar novos empreendimentos e a concorrência. A boa notícia é que você não precisa passar pelo treinamento rigoroso na Fazenda para aprender a usar o reflexo da confiança. Lembre-se de que sua utilização requer prática e, após incorporá-lo integralmente à sua vida profissional, experimentará um sucesso que não imaginou ser possível. Você pode usar o reflexo da confiança para chegar ao topo de qualquer setor.

[MITOS DE AGENTE SECRETO DESVENDADOS]

TODOS OS AGENTES DA CIA SÃO LINGUISTAS INATOS E FLUENTES EM MAIS DE UM IDIOMA.

Falso!

Na TV ou nos filmes, frequentemente há uma cena em que um agente secreto está comendo em uma mesa escura no canto de um restaurante. Ele está na dele, apreciando seu jantar ou mesmo jantando com um amigo. O casal na mesa ao lado começa a conversar em russo. O agente secreto ouve uma informação crucial sobre uma bomba ou um sequestro que eles planejam (bem no meio de um restaurante lotado) e acaba por salvar o dia graças à sua grande habilidade com línguas estrangeiras. A verdade é que muitos agentes secretos que realizam o treinamento não falam outros idiomas (embora isso seja sempre um notável diferencial). A maioria dos agentes secretos não seria capaz de conversar facilmente em árabe ou compreender um plano de sequestro em russo. É apenas um mito.

[PARTE UM]

CICLO IADR ou Técnica de Vendas Mais Eficaz do Mundo

O ciclo IADR, também conhecido como ciclo da CIA, consiste em quatro fases distintas: identificação, acesso, desenvolvimento e recrutamento. No mundo da espionagem, pode demorar meses ou até anos para planejar uma missão, identificar e obter acesso ao alvo adequado, desenvolver uma ligação com a pessoa e, por fim, recrutá-la para a causa ou colocá-la em posição de fornecer informações valiosas a um agente secreto. Esse ciclo é utilizado por agentes secretos a nível mundial. O Governo dos EUA usa as informações coletadas para fazer planejamentos, tomar decisões e manter o país a salvo de ameaças como atentados suicidas ou ataques biológicos.

Se considerarmos os principais componentes do ciclo IADR, ele pode ser resumido como a técnica de vendas mais eficaz do mundo. Para obter as informações necessárias, os agentes da CIA oferecem coisas valiosas às pessoas consideradas úteis e bem relacionadas, por exemplo, liberdade religiosa, libertação da opressão, dinheiro para alimentação e moradia, dinheiro para amantes, presentes e jantares caros. Todos esses "produtos" mencionados são comumente trocados por um determinado tipo de ação: traição. Afinal, se alguém compartilha segredos de Estado com um governo estrangeiro em troca de qualquer tipo de recompensa, comete traição. Traição não é um produto fácil de vender, e é por isso que os agentes secretos utilizam cuidadosamente os quatro elementos do ciclo IADR para fechar os acordos mais complexos do mundo. Para os agentes da CIA, nunca se trata de cumprir uma meta, mas de ter informações das pessoas certas para manter você e sua família em segurança. Os riscos não poderiam ser maiores.

A MELHOR ESTRATÉGIA DE VENDAS

E se você pudesse obter informações valiosas para seu negócio da mesma forma que o Governo dos EUA faz para proteger seus cidadãos? Para esclarecer, não estou falando de roubar segredos privilegiados ou algo ilegal, mas de utilizar estratégias para coletar informações e se conectar com praticamente qualquer pessoa sobre qualquer coisa.

Todo mundo que administra um negócio sabe que informação é o segredo para o sucesso. O ciclo IADR pode ser utilizado para a obtenção de informações fundamentais que permitirão que sua empresa prospere ou venda qualquer produto a nível mundial. Não importa se você vende carros, panelas ou é CEO de uma empresa Fortune 500; qualquer um pode se beneficiar dessas técnicas para vender absolutamente qualquer coisa. Esse simples processo pode ajudá-lo a focar seu mercado ou base de clientes adequada, fazendo com que sua empresa comece a lucrar *imediatamente*. Você será capaz de avaliar rápido o caráter de um possível funcionário, evitando problemas onerosos e que consumam tempo quando se tem um mau elemento na equipe. Você pode acompanhar com facilidade a concorrência e garantir que nenhum empreendimento que possa impactar diretamente seu negócio o surpreenda. Aprender a utilizar os conceitos do ciclo IADR é a ferramenta mais poderosa para agregar valor às suas técnicas de vendas e gestão de negócios. E, como espero que você perceba nos próximos capítulos, sua aplicação pode ser incrivelmente divertida.

CAPÍTULO 2

IDENTIFICAÇÃO

Como Identificar Rápido as Pessoas que Ajudarão Sua Empresa a Prosperar

LOCALIZAÇÃO: Bairro Buitenveldert, Amsterdã, Holanda. Codinome da Conferência: ISOKRATES

MISSÃO: Identificar indivíduo com conhecimento e/ou relação com os desenvolvimentos relativos ao PROJETO TXT.

A HISTÓRIA DE RYAN

Eu praticamente não tinha informações para prosseguir. Só me disseram que havia uma pequena conferência acontecendo na Holanda e que alguns dos melhores físicos do mundo se reuniriam no local por apenas quatro dias. As informações que tínhamos sugeriam a existência de alguns desenvolvimentos significativos que poderiam afetar a segurança dos EUA, e eu precisava descobrir quem era o responsável por eles. Precisava trabalhar mais rápido do que estava acostumado. Quando se é agente secreto, às vezes parece que uma missão é iniciada às cegas. Você sabe pouco, mas muito precisa ser realizado antes que se tenha uma compreensão maior da situação. Meus anos de treinamento intenso me ensinaram a observar um grupo de pessoas e identificar sistematicamente aquelas que podem fornecer informações valiosas.

Cheguei ao local, uma linda residência com uma porta holandesa clássica de cor azul brilhante. A casa ficava em uma rua residencial tranquila na parte sul de Amsterdã. Dentro havia uma quantidade generosa de comidas e bebidas, principalmente *bittergarnituur* e Grolsch, e o fogo da lareira deixava o ambiente aconchegante. A atmosfera geral da reunião era sofisticada, mas não muito exagerada. Logo percebi que os diversos físicos pareciam se reunir em grupos. Em um canto, vi alguns homens e mulheres de aparência mais jovem em uma conversa agradável. Eles pareciam estar se divertindo. Vestiam roupas mais casuais do que as dos outros participantes. Alguns homens usavam jaquetas que não combinavam muito bem, o que indicava que não se arrumavam com tanta frequência. Notei que uma das mulheres bateu no ombro de outra pessoa do grupo e apontou para a lareira. Todos se viraram para olhar, expressando certa surpresa. Interpretei o gesto como minha primeira pista: quem estava próximo à lareira parecia ser de interesse do grupo. Precisava ficar de olho neles ao longo da noite. Fingi verificar meu telefone para ganhar tempo enquanto decidia cuidadosamente meu próximo passo. Estava intrigado com as pessoas em frente à lareira, pois havia uma agitação constante naquela área. O grupo aumentava consistentemente em relação aos outros na festa, como se algo atraísse as pessoas para a conversa. Mas eu precisava de mais tempo para me certificar de que meu alvo fazia parte dele.

Outro pequeno grupo de pessoas estava reunido no meio da sala. Elas conversavam, e suas interações sugeriam que se conheciam há algum tempo. Um homem em particular se destacava. Seu terno era bem cortado, nada parecido com os trajes de um típico professor universitário. Ele estava envolvido na conversa, mas notei que seus pés apontavam um pouco para longe das pessoas. Por alguma razão, esse cara queria finalizar a conversa.

Dirigi-me à mesa de bufê e o homem aproveitou a oportunidade para se aproximar de mim e se abrir para uma conversa. Ele tinha em torno de 40 anos, usava um Rolex caro; percebi que seus sapatos eram italianos e sua gravata era de seda fina. Esse cara não era professor nem pesquisador, não com roupas assim. Virei-me de frente para ele, olhei-o nos olhos e apertei sua mão. "Olá, me chamo Ryan." Ele me disse que seu nome era Clive e que trabalhava para uma pequena, mas importante, empresa de engenharia, a qual fora mencionada em meu dossiê investigativo.

Tive a sensação de que ambos estávamos interessados na mesma pessoa, e que foi esse o motivo pelo qual Clive havia se retirado do grupo com quem conversava. Embora eu saiba o suficiente para conversar informalmente sobre matemática e física, não me iludo a ponto de pensar que posso ter uma discussão aprofundada com um verdadeiro especialista. Fiz questão de manter a conversa descontraída, mas ao mesmo tempo concentrada o bastante em Clive para que ele se sentisse importante e quisesse continuar falando comigo. Depois de alguns minutos, eu disse: "Ei, você conhece aqueles caras ali?", e apontei para o grupo amontoado junto à lareira.

"Claro que conheço. Todos os presentes querem falar com o Thad. Ele está realizando uma pesquisa incrível na área de física de partículas. Gostaria de conhecê-lo?" Em cheio. Não apenas identificara o alvo provável, como conseguira uma forma de ser apresentado a ele sem parecer forçado. Clive sinalizou para que eu o seguisse e calmamente adentrou o grupo. Tocou suavemente o braço de Thad e disse: "Esse é o Ryan. Ele foi enviado aqui por uma empresa de consultoria para estudar novos empreendimentos."

Thad olhou para mim e disse: "Prazer em conhecê-lo."

Olhei diretamente em seus olhos, apertei sua mão com firmeza e respondi: "Bem, é realmente um prazer conhecer *você*."

Então, Thad apresentou as outras pessoas: "Estes são Marcus, Francesca, Lillian e Frank", e voltou à sua conversa original enquanto eu falava com os outros. O evento terminou algumas horas depois. Não tive a oportunidade de conversar diretamente com ele, mas, na minha opinião, a noite foi um grande sucesso. Fui para o meu quarto, tranquei a porta e iniciei minhas anotações. Mal podia esperar pela próxima fase da operação no dia seguinte.

Vesti o sobretudo, calcei os sapatos e saí do hotel para a noite fria. Estava escuro e silencioso na rua, e a neblina encobria o ambiente. Caminhei com cuidado até entrar em um pequeno, mas encantador, parque, a 400m ao norte, onde me sentei em um banco — o terceiro do lado esquerdo — e fingi amarrar meu sapato. Era improvável que alguém me visse ali sentado àquela hora da noite, mas eu não podia correr nenhum risco. Sentar no parque assim tão tarde não era comum; amarrar o cadarço era uma explicação lógica para fazê-lo. Enfiei a mão no bolso esquerdo do casaco, peguei um único alfinete vermelho e preguei-o do lado esquerdo do banco. Ninguém jamais notaria que ele estava lá, exceto Georgina, é claro.

O alfinete tinha um significado: "Identifiquei o alvo. Iniciaremos os próximos passos imediatamente." Georgina ficaria muito satisfeita em seu passeio pelo parque no dia seguinte.

ENTRE EM CONTATO COM SEU ANALISTA INTERIOR:
Qual É Seu Objetivo?

A história de Ryan começara muito antes de ele chegar em Amsterdã. Os analistas estabelecem uma "missão" com base em uma necessidade ao selecionar, revisar e avaliar informações provenientes de agentes de campo de todo o mundo. O trabalho deles consiste em interpretar e procurar padrões que sugiram certas ações que devem ser tomadas para proteger os EUA. Ryan analisou a missão cuidadosamente, discutindo seu objetivo com o analista, para que soubesse exatamente o que se esperava dele. É provável que o analista tenha restringido o alvo de Ryan a uma lista minuciosamente selecionada de talvez dez pessoas em todo o mundo que possuem uma habilidade extremamente específica. No mundo da CIA, ter uma gama de possibilidades ao fazer conexões exige muito tempo e é bastante perigoso. Ryan ponderou as pessoas que conheceu, concentrando-se cuidadosamente nos indivíduos corretos que poderiam ajudá-lo a identificar o alvo de sua missão.

Quando comecei meu negócio após deixar a CIA, conhecia apenas algumas pessoas. Sou bastante introvertido (ao contrário do que você pode pensar e do que vê nos filmes, a maioria dos agentes secretos é), e, além de amigos, familiares e alguns conhecidos do meu bairro e igreja, minha rede de contatos era bastante limitada. Eu queria expandir minha empresa, mas como empresário e homem de família, o tempo, meu bem mais valioso, era escasso. Eu não via motivos para ir a eventos e perder tempo distribuindo cartões de visita para todos que conhecesse. Claro, talvez eu tivesse a sorte de conhecer alguém com uma ótima conexão, mas isso parecia improvável. Eu queria otimizar meu tempo e estava convencido de que essa abordagem também me ajudaria a atingir meus objetivos mais rápido. Eu queria trabalhar de forma mais inteligente. Meu treinamento na CIA me ensinou a manter o objetivo em mente e a procurar pessoas que se encaixassem em um critério específico. Assim como um analista restringe uma lista de alvos, decidi me concentrar no que eu mais precisava para fazer meu negócio ter sucesso de imediato. Como eu estava começando uma empresa no mercado de sobrevivência, precisava me alinhar com as pessoas de algumas áreas específicas. Fiz uma pesquisa de mercado e sabia que a demanda por equipamentos de sobrevivência e suprimentos existia, mas como eu me conectaria com o grupo certo de pessoas que queriam supri-la? Como me envolver com os principais participantes que poderiam ajudar a alavancar meu negócio? Como conseguir isso quando milhares de outras pessoas faziam o mesmo?

[DICA DE AGENTE SECRETO]

HÁ SEMPRE UMA ENTRADA

Agentes da CIA nunca se intimidam por não terem de imediato as conexões certas. Eles sabem que, independentemente de quão distante, influente, perigosa ou reclusa uma pessoa é, há sempre uma entrada. Muitas vezes se resume a simplesmente descobrir qual dos seus contatos pode fazer a conexão. Agentes secretos têm o hábito não apenas de conhecer seus contatos, como saber com quem eles estão relacionados. Quem conhecem, quem são seus parentes, vizinhos e colegas de trabalho? Quais

> são seus interesses e a quem estão ligados como resultado? Mas os agentes secretos também têm cuidado para não abusar dessas conexões, sempre conscientes do conceito de "dar para receber". Eles oferecem favores para estabelecer uma relação cordial ou evidenciar que estão dispostos a ajudar quando for necessário.

Ser um empreendedor ou vendedor pode ser muito estressante e sufocante. Pensar sobre como fazer conexões e apresentar seu produto para as pessoas certas pode parecer impossível. Decidi usar meu analista interno para criar uma base de foco, que consistia nas três categorias mais importantes que eu precisava realizar na minha missão de construir uma empresa bem-sucedida de sete dígitos.

MINHA BASE DE FOCO:
O que Minha Operação Exige para Ser Bem-sucedida

1. **Conexões com a mídia:** Eu não conhecia ninguém que trabalhasse na mídia, mas entrar na TV e no rádio, e apresentar minha empresa em revistas impressas, parecia essencial para divulgar meu negócio. Admito que não fiquei entusiasmado com a ideia de aparecer na TV (mesmo que eu tivesse a sorte de descobrir como *conseguir* isso), mas aceito o fato de que vivemos em uma cultura muito a favor das celebridades. Poder dizer que eu apareci na TV ou no rádio e escrevi para revistas

me daria credibilidade instantânea, um componente crucial para um novo negócio.

2. **Conexões com grupos de afiliados:** No início, eu não tinha uma grande base de clientes com a qual comercializar, então me conectar com grupos de afiliados era fundamental. Se eu pudesse fazer um acordo com alguém que tivesse uma marca mais estabelecida e uma lista maior de clientes para a venda do meu produto, atingiria um número muito maior de pessoas do que sozinho durante o começo da minha empresa, o que ajudaria a estimular as vendas e gerar receita imediatamente.

3. **Conexões com pessoas que fariam joint ventures:** Novamente, desenvolver de forma rápida uma nova empresa em um negócio de sete dígitos significava apresentar meus produtos para muitas pessoas. Eu precisava participar de joint ventures. Tive que encontrar outras pessoas no meu setor que queriam trabalhar juntas para vender um produto ou um serviço para *ambas* as bases de clientes. Dividiríamos o risco e os lucros desse empreendimento. Formar uma joint venture com outra empresa que se encaixasse bem na minha marca significava divulgar meus produtos a um número maior de pessoas. Isso também possibilitava que pessoas da minha lista descobrissem produtos que poderiam querer e que eu ainda não vendia. À medida que minha lista crescia, percebi que também poderia gerar receita com a base de clientes que me esforçava para criar ao disponibilizá-la para outras empresas.

Uma vez que estabeleci minha base de foco, fazer com que minha empresa se tornasse um negócio de sete dígitos de repente parecia viável. Agora eu poderia enfrentar o próximo grande passo: encontrar pessoas que me ajudariam a alcançar esses importantes três objetivos centrais. Obviamente, nem todos os leitores deste livro atuam na indústria de sobrevivência, mas esse sistema funciona, não importa o que você vende. Identificar as três principais ações que você precisa tomar para sobreviver resulta em ter uma base sólida para sua empresa ou suas técnicas de vendas. Lembre-se: sua base de foco pode ser o que você quiser, mas faça algumas pesquisas para se certificar de que está à altura das expectativas do setor. Ao se concentrar em sua base de foco, reflita sobre estas duas questões:

1. **Qual é o meu objetivo?**

   Analistas sempre sabem qual é o objetivo — capturar um traficante de drogas, obter informações sobre um possível ataque terrorista ou descobrir quais países estão fazendo descobertas científicas que poderiam ser uma ameaça aos EUA. Não há margem para erros, já que a segurança dos cidadãos norte-americanos está em risco, assim como a sobrevivência de sua empresa. Analistas devem ser objetivos e claros ao estabelecer uma missão. É importante que você siga a mesma linha de raciocínio ao visualizar sua meta.

2. **Quais elementos são fundamentais para sua sobrevivência?**

   Qualquer empreendedor lhe dirá que gerar renda é o que mantém o funcionamento da operação, e isso é certamente verdade. Mas aprofunde um pouco mais. O que precisa acontecer para você gerar renda o mais breve possível? Conectar-se com pessoas que têm autoridade para tomar decisões? Autoridade de aquisição? Você precisa se conectar com investidores para levantar capital? Eu sabia que não podia esperar alguns anos para obter lucros, e poucos de nós deveriam. A verdade é que não faz sentido começar um negócio apenas para esperar pacientemente durante anos para ganhar uns trocados. É importante estabelecer um meio de lucrar no início da operação. Para o meu negócio, isso significava conectar-se a outras pessoas que tinham acesso ao público que eu queria alcançar imediatamente. Tenha uma visão precisa de como você pode realizar vendas ou gerar receita sem depender apenas de um produto popular que atinja milhões de pessoas.

[DICA DE AGENTE SECRETO]

AGENTES SECRETOS NUNCA PARAM DE ESPREITAR

Espreitar significa verificar e observar atentamente tudo o que acontece ao seu redor. Agentes da CIA nunca deixam de fazer isso, mesmo depois de se aposentar. Espreitar se torna algo inerente e sempre estamos atentos às mudanças à nossa volta. Por exemplo, se um novo prédio é construído e isso causa um congestionamento no trânsito, o que dificulta sair da área em uma emergência, estaremos cientes e estudaremos rotas alternativas. Jamais dependa de apenas uma rota para permanecer em segurança. O mesmo conceito se aplica aos negócios: não dependa de um único caminho, pois seu sustento pode exigir um percurso diferente.

A LISTA DOS 25 MELHORES ALVOS: IDENTIFICANDO OS CONTATOS PERFEITOS

Todos já vimos notícias de criminosos que fazem parte da lista dos mais procurados do FBI ou da CIA. Essas listas incluem as piores mentes criminosas da história, de Osama Bin Laden a El Chapo. Mas o mundo da CIA não mantém apenas listas de criminosos que gostaria de ver atrás das grades para a segurança da sociedade, mas também dos indivíduos mais inteligentes, pioneiros e inovadores de todo o mundo que alcançaram o auge de suas áreas. Essas listas podem incluir mentes brilhantes como físicos (como na história de Ryan), matemáticos, programadores de computador, hackers e químicos. Essas pessoas não são criminosas, mas seu conhecimento é tão valioso que não queremos que elas se envolvam com as pessoas erradas. Em outras palavras, os EUA preferem ser os primeiros a reivindicar o trabalho dessas pessoas, o que, inevitavelmente, as coloca em um tipo muito diferente de lista dos "mais procurados".

Utilizei exatamente esse mesmo conceito quando fiquei pronto para estabelecer minha lista dos 25 melhores alvos. Eu queria encontrar e contatar as principais pessoas que poderiam me ajudar na minha missão de desenvolver uma empresa de sete ou oito dígitos. Obviamente, você pode escolher um número que seja mais apropriado para sua área, mas 25 me pareceu uma quantia adequada; um alvo viável, mas que ainda me obrigava a sair da minha zona de conforto.

COMO DESENVOLVER SUA LISTA DE ALVOS

Primeiro Passo: Estabeleça Seus Critérios

A essa altura, eu não fazia ideia de quem conheceria, mas sabia que precisava estabelecer critérios para minha lista de alvos. Despendi algum tempo pensando que tipos de pessoas estariam na minha lista de contatos final. Novamente, em vez de aparecer em todas as conferências ou eventos de sobrevivência, optei por ponderar meu networking. A vantagem da internet é que hoje é fácil realizar algumas buscas e descobrir os líderes do mercado. Afinal, você pode ver quem tem um significativo canal no YouTube ou inúmeros seguidores no Instagram ou no Twitter. Uma simples pesquisa na Amazon revela os autores mais vendidos em seu nicho. Investir apenas 15 minutos por dia nesse tipo de reconhecimento social pode trazer grandes avanços. Para estabelecer meus critérios, me perguntei o seguinte:

› Quais traços de personalidade os indivíduos da minha lista de mais procurados provavelmente teriam?

› Quais cargos as pessoas da minha lista de alvos ocupariam?

› Com quais empresas eu gostaria de me conectar?

Despender tempo para me concentrar nos tipos de pessoas que eu precisava realmente conhecer me mostrou como meu treinamento na CIA foi valioso quando se tratava de desenvolver um negócio. Assim como no mundo dos agentes secretos, há um número limitado de pessoas que preenchem requisitos específicos. Ampliar as possibilidades não aumenta suas chances de fazer bons contatos (ou recrutar um matemático com um algoritmo ultrassecreto), apenas desperdiça um tempo valioso.

Segundo Passo: Identifique Suas Hot Zones

Os agentes secretos que são enviados para o exterior passam horas andando pelas ruas da cidade em que vivem. Eles conhecem a cultura, as zonas de perigo, as maneiras mais fáceis de se locomover e, claro, os locais onde podem encontrar pessoas que serão úteis. Eu queria seguir uma abordagem semelhante no meu negócio, mas não passaria horas perambulando e fazendo anotações. Semelhante a espreitar, sabia que planejar sistematicamente as hot zones, ou seja, lugares em que eu provavelmente me conectaria com pessoas que gostaria de conhecer, economizaria muito tempo e energia. Ryan tinha informações sobre uma conferência específica, e suas fontes puderam ser localizadas em uma festa em particular. Afinal, muitos agentes secretos fizeram o trabalho de campo para determinar que a festa era um bom ponto de partida, e, assim que Ryan chegou lá, ficou evidente que faria uma ótima conexão.

Queria que minha lista de alvos abrangesse três áreas específicas: mídia, empresas de sobrevivência com as quais poderia me associar e indivíduos com rendimentos altos que estariam interessados em ter meus serviços. Eu começaria ampliando minhas possibilidades e, por fim, limitaria as opções às melhores combinações para mim. Procurei minhas hot zones por meio das seguintes atitudes:

> › Procurei oportunidades para aparecer na televisão e no rádio (sabia que seria um desafio, visto que nunca estive na mídia). Para acessar meu guia completo sobre o assunto, leia a seção bônus no final do livro.

> Assinei revistas e outras publicações direcionadas a indivíduos de alto rendimento (a *Robb Report*, por exemplo).

> Li os últimos livros escritos por especialistas de vários assuntos que eu buscava e também entrei em contato com os autores (você se surpreenderia com o quanto um autor pode ficar satisfeito por saber que alguém leu seu livro).

> Paguei US$25 mil para me associar a um grupo de mastermind frequentado por empresários de negócios multimilionários. Em uma das minhas primeiras reuniões com esse grupo, conheci um cara da minha área com o qual fiz um acordo que nos rendeu US$250 mil. Tudo bem se você não tem condições de fazer esse tipo de investimento no momento. Também me juntei à minha associação comercial local, que achei muito útil. Entrar em contato com empresários locais com os quais você quer se conectar e sugerir encontros mensais também é uma opção.

> Procurei realizar palestras. Discursei para grandes empresas, como a Rubbermaid, fiz conexões e consegui que executivos se inscrevessem no meu treinamento. Sou muito abençoado por agora receber US$20 mil para palestrar. Novamente, para obter informações específicas sobre como ganhar dinheiro com palestras, consulte a seção bônus.

Terceiro Passo: Observação Geral

Os agentes da CIA passam horas de treinamento aprendendo a observar tudo em seu ambiente circundante. Inicialmente, treinam suas mentes para perceber todas as atividades gerais em uma área específica. Esse passo consiste em se habituar ao que está acontecendo ao redor. No mundo da CIA, nos referimos a isso como "linha de base"; estamos sempre atentos ao que parece ser "normal" ou "padrão" para uma dada situação. Por exemplo, aplaudir ou gritar em um evento esportivo é normal. O silêncio repentino em um jogo de beisebol pode ser uma enorme pista de que algo está errado, assim como muitos gritos na igreja podem ser preocupantes. Na história de Ryan, ele observou a disposição da sala, incluindo a localização de saídas e janelas; registrou o número de homens e mulheres no ambiente; e também prestou atenção a coisas simples, por exemplo, como o espaço estava organizado e quantas garçonetes trabalhavam. Observar essas características gerais permitiu que Ryan determinasse a linha de base do ambiente, mas também o preparou para o próximo importante passo de identificação.

COMO DETERMINAR A LINHA DE BASE DE UMA ÁREA

Você pode passar um tempo em diferentes ambientes todos os dias. Pode usar o transporte público (que inclui estação de trem e rodoviária). Há o local de trabalho, entrada e saída da escola, shoppings ou eventos aos quais deve comparecer. Qualquer uma dessas circunstâncias é um ambiente com sua própria linha de base. É a atmosfera da área — barulhenta, silenciosa, movimentada, vazia, escura? Por exemplo, se você está no centro de Manhattan, a linha de base provavelmente é movimentada, barulhenta e caótica. Se saísse de um escritório e a rua estivesse vazia, sem carros e pessoas, seria motivo de preocupação. Para estabelecer a linha de base de uma área, é necessário estar atento a alguns aspectos gerais. Preste atenção à atmosfera geral do local. Se você está em um restaurante, será alegre e animada (o oposto de um funeral). Observe as pessoas presentes. O ambiente está lotado ou vazio? Qual é o público? Por fim, o que está acontecendo? As pessoas estão comendo, conversando, lendo jornal? Quem está fazendo o quê? Condicionar-se a observar a linha de base de um ambiente não apenas o manterá mais seguro, como o ajudará a identificar os indivíduos com os quais pode querer se conectar.

Quarto Passo: Observe para Determinar a Relevância

A observação geral consiste realmente em estabelecer as bases para algo muito maior. Observações só importam quando são relevantes para a sua situação. Os agentes da CIA são treinados para observar com mais profundidade, ou seja, eles podem entrar em um ambiente, avaliar a situação e determinar quais detalhes são pertinentes. Poderia ser qualquer coisa, desde um carro parado do outro lado da rua com o motorista visível pela janela a uma garçonete que serve bebidas devagar o suficiente para que possa escutar cada palavra da conversa que ocorre à sua frente. Por que o carro está ali? O motorista está esperando por um sinal de alguém no ambiente? Por que a garçonete quer escutar a conversa? Ela está fazendo algo além de servir as pessoas? Esses são os tipos de detalhes que retratam a realidade, que pode ser muito reveladora. Quanto melhor você for ao observar a relevância, mais fácil será identificar pessoas que possam ajudá-lo a expandir seus negócios; você poderá enxergar a *veracidade*.

Ryan notou alguns aspectos interessantes. Ele observou que o indivíduo, que posteriormente afirmou trabalhar em uma empresa de engenharia, se vestia de forma diferente das outras pessoas do grupo. Seus sapatos e gravata eram caros, sugerindo que não era um acadêmico como todo mundo. Seus pés também apontavam para longe do grupo, o que sinalizava que ele estava procurando uma oportunidade para sair da conversa.

[DICA DE AGENTE SECRETO]

OS PÉS PODEM FALAR

Sempre que você perceber os pés de alguém apontando para longe da pessoa com quem se está conversando, é um sinal claro de que o indivíduo não quer continuar ali por muito tempo. Na próxima vez que estiver preso em um assunto chato, olhe para seus pés. Aposto que estarão apontando para a saída.

Ryan também notou que o grupo mais próximo da lareira era maior do que os outros que conversavam no ambiente, e parecia girar em torno de um indivíduo específico. Essa pessoa parecia ser o foco de muita atenção, e havia agitação em torno dela de grande parte do evento, uma excelente indicação de que a pessoa era requisitada, provavelmente o cientista brilhante que Ryan foi incumbido de encontrar. Embora esses detalhes sejam relevantes, e certamente úteis, esse não foi o detalhe mais notável que ele observou. Quando Clive se ofereceu para apresentar Ryan a Thad, ele gentilmente tocou Thad no braço. Para Ryan, testemunhar esse gesto foi como tirar a sorte grande. Pode ter sido apenas um rápido encontro físico, mas tinha um significado muito mais profundo. Isso mostrou a ele que Clive conhecia Thad bem o suficiente para interromper uma conversa e apresentar alguém. Mostrou também que Thad não se sentia desconfortável ao ser tocado por Clive e não relutava em conhecer alguém apresentado por ele. Em outras palavras, os dois homens estavam estabelecendo uma aliança (falarei muito sobre criar alianças posteriormente), e esta foi a revelação ideal para Ryan.

Aspectos a observar:

> Quem está reunido?

> Quem parece se conhecer?

> Há pessoas presentes que parecem ser requisitadas?

> Há alguém presente que parece conhecer todo mundo?

Quinto Passo: Aperfeiçoe a Apresentação Cordial

Todos já estivemos em uma situação na qual alguém nos procurou em busca de informações sobre nossas carreiras ou empresas para as quais trabalhamos, seja para perguntar sobre oportunidades de emprego, seja simplesmente para pedir nossa opinião sobre um assunto que conhecemos. Queremos ser solícitos, mas às vezes não podemos desperdiçar nosso tempo. É particularmente difícil dizer que estamos muito ocupados quando o pedido vem de um amigo ou um parente. Embora em circunstâncias normais muitos não se sintam à vontade para interagir com um estranho, concordamos rapidamente em fazê-lo se a pessoa estiver relacionada a nós por meio de um conhecido em comum. Resumindo, essa é a apresentação cordial e, no mundo da CIA, é uma parte essencial de muitas operações.

Muitas vezes, os agentes secretos são incumbidos de fazer contato com alguém do alto escalão no governo que é valorizado por seus conhecimentos especializados, tem acesso a pessoas influentes ou que, em alguns casos, é na verdade um criminoso cruel. Ter acesso a quem se encaixa nessas categorias dificulta o trabalho. É por isso que os agentes secretos nunca contatam a fonte diretamente, mas aos poucos. É muito mais seguro conhecer alguém que integra o círculo do alvo e fazer com que essa pessoa faça a apresentação. Como um colega meu diz: "Uma apresentação cordial pode ser um divisor de águas. De repente você não é uma ameaça, pois é apresentado como alguém confiável." No caso de Ryan, Clive era ideal por várias razões. Ele se sentia à vontade no círculo de Thad, o qual se comportava como se confiasse nele. Clive era um empresário, não um acadêmico, então ele poderia achar útil conhecer um norte-americano como Ryan, estando mais disposto do que os outros a fazer um favor para ele. Além disso, embora o contato físico entre Clive e Thad sugerisse certo vínculo, não demonstrava uma amizade próxima. Se ambos fossem íntimos, possivelmente teriam se abraçado ou Thad finalizaria sua conversa em andamento para falar com Clive. Também é provável que Clive fosse cauteloso em relação à sua conexão com Thad e, portanto, menos disposto a apresentá-lo a Ryan. Clive foi a melhor apresentação cordial; ele foi capaz de fornecer acesso sem levantar suspeitas. Lembre-se: a sutileza é indispensável.

Apresentações cordiais são o segredo para que você conheça praticamente qualquer pessoa. Por experiência própria, uma vez que determinei minha base de foco, sabia que deveria encontrar alguém que pudesse me ensinar, dar dicas e, por fim, fazer parcerias comigo. Era necessário determinar onde poderia encontrar pessoas que tivessem o acesso de que eu precisava. Felizmente, a internet possibilita todos esses aspectos, então eu poderia facilmente enviar um e-mail para um autor de best-seller, produtores dos programas de TV em que queria aparecer e editores de revistas para as quais gostaria de trabalhar. Também enviei anotações manuscritas por FedEx: essa é uma ótima maneira de chamar a atenção de CEOs e pessoas de alta renda. Estabeleci uma meta: contatar três pessoas por dia. Poderia ser dois telefonemas e um e-mail. Não importava, desde que eu cumprisse minha meta diária. Quando comecei a fazer mais contatos, pude aproveitá-los para ser apresentado a outras pessoas.

O conceito da apresentação cordial foi muito útil quando tentei incrementar meu marketing no Facebook. Fiz uma lista de profissionais com os quais tinha interesse de trabalhar. O único problema era que, na época, minha empresa era muito menor comparada com as que eles estavam acostumados a trabalhar. Eu precisava de um pretexto para convencê-los de que meu negócio tinha grande potencial e que valia a pena colaborar comigo, ainda que estivesse apenas começando. Foi quando soube de um seminário sobre marketing de mídia social que aconteceria próximo à minha casa. Uma pesquisa superficial me mostrou que o palestrante principal estava conectado com todas as pessoas que eu queria conhecer. Compareci ao evento e fiz uma conexão com ele. *Identifiquei* o palestrante como uma pessoa relevante que poderia me auxiliar. Informei-o do quanto apreciei o seminário e agradeci sua visita a Utah. Enviei um e-mail alguns dias depois para dizer o quão útil foi a palestra e que eu tinha interesse em conhecer algumas pessoas que poderiam me ajudar a expandir meu negócio. Ele poderia me apresentar a elas? Por fim, o palestrante me apresentou ao profissional de marketing com o qual acabei trabalhando. Sua apresentação cordial fez toda a diferença.

Como uma pessoa que não gosta muito de socializar (pergunte à minha esposa), não posso imaginar como teria desenvolvido meu negócio sem o treinamento da CIA. A ideia de ir a uma grande festa de networking ou mesmo a um jantar de negócios não me faz pular de alegria. Se você for como eu e utilizar o processo da apresentação cordial, prometo que será capaz de se conectar com qualquer pessoa, e sem estresse. Você nunca mais terá receio de comparecer a um evento de networking. Se já domina o networking e a eloquência (parabéns, eu o invejo), tenha certeza de que, ao seguir as práticas apresentadas, logo descobrirá que está fazendo contatos mais poderosos e úteis para o seu negócio com maior rapidez.

[MITOS DE AGENTE SECRETO DESVENDADOS]

AGENTES SECRETOS SEMPRE ESTÃO INCRIVELMENTE EM FORMA, SÃO COMEDIDOS E BONITOS COMO JAMES BOND.

Falso!

Considerando que Daniel Craig, Brad Pitt, Matt Damon e Tom Cruise já interpretaram agentes secretos, podemos dizer que Hollywood tem tido uma grande influência em promover o mito de que os agentes secretos são bonitos e sofisticados. A verdade é que esses profissionais não seguem um padrão, e praticamente qualquer um que você vê na rua pode ser um deles. O cenário descrito neste capítulo apresentou professores e pesquisadores, que geralmente são pessoas comuns. Para que alguém se enturme e consiga realizar a operação, é necessário se encaixar no contexto da missão, ou seja, se adequar a qualquer ambiente. Quando estão em campo, meus colegas adaptam minuciosamente sua aparência. Ainda que elaborar disfarces às vezes seja um dos aspectos envolvidos, não é sobre isso que estou falando. Ryan precisava se misturar com um grupo de acadêmicos e cientistas, tendo que possivelmente vestir terno e gravata, mas nada muito chamativo ou caro. Se um agente secreto tenta se encaixar perfeitamente em um ambiente frequentado por pessoas ricas, terá que usar um terno muito mais caro, um bom relógio, sapatos de qualidade etc. Enfim, ser um agente secreto ideal não consiste em se parecer com Brad Pitt, mas saber como se vestir adequadamente, fingindo ser um professor universitário ou um mecânico. Quando se trata de trabalho da CIA, de fato não se pode julgar um livro pela capa. É o interior que importa, e, no caso dos agentes secretos, é a capacidade de vender qualquer coisa para qualquer um.

CAPÍTULO 3

ACESSO

Como Saber Rapidamente Se Alguém Será Seu Próximo Cliente ou um Contato Valioso

A HISTÓRIA DE RYAN PARTE 2

A última vez que encontramos Ryan, ele estava deixando um sinal em um parque. O alfinete vermelho inserido em um determinado banco indicava à sua colega que a situação se desenrolava como o planejado e que era o momento de levar a missão para a próxima etapa. O primeiro passo no processo consistia simplesmente em Ryan dar a impressão de que era apenas um participante comum da conferência. Por esse motivo, ele precisava assistir às palestras como todo mundo e certificar-se de que o notassem. Como não era um grande evento, seria importante que outros participantes vissem e percebessem a presença dele. Do contrário, levantaria suspeitas.

04 de junho de 20XX, 11h30

Eu estava na segunda palestra do dia e ainda não tinha visto Thad. Observava ao redor do ambiente para verificar quem estava lá, certificando-me de não chamar atenção. Estava um pouco ansioso, visto que a conferência, de codinome **ISOKRATES**, duraria apenas alguns dias e não havia margem para erros.

A programação da manhã contava com várias palestras e painéis sobre diferentes temas, que ocorreriam em alguns prédios da universidade. Infelizmente, Thad não era um dos palestrantes. Eu teria que procurá-lo sem deixar transparecer que minha intenção era falar com ele. Tinha certeza de que era o cara que eu deveria encontrar, mas realmente não sabia se ele era compatível com o objetivo da minha missão até que conseguisse ter acesso a ele. Thad se sentiria motivado a me ajudar? Eu poderia convencê-lo a me dar informações? O que o incentivaria a correr o risco de compartilhar? Seu caráter se adequava a nossos propósitos? Essas eram questões importantes que exigiam respostas. Se não desse certo com Thad, eu teria que recomeçar do zero ao procurar alguém que se encaixasse nos critérios da minha missão.

Quando a palestra terminou e me dirigia à saída, notei uma mudança. Percebi rapidamente que cientistas são bastante reservados, então ficou evidente que algo acontecia no ambiente. O nível de conversa havia aumentado e algumas pessoas pareciam se apressar para pegar seus pertences e deixar o local. Não pressenti pânico, mas uma animação parecida com a agitação em torno de Thad na noite anterior. Quando saí do auditório, vi que todos atravessavam a rua. Perguntei a uma mulher que parecia ser estudante aonde as pessoas estavam indo. Ela disse que era tradição todos se reunirem no restaurante local para almoçar. Mencionei que não tivera a oportunidade de provar a comida local e a mulher sugeriu que eu me juntasse a ela e seus amigos. Aceitei sua gentil oferta.

Quando chegamos ao restaurante, todos, incluindo Thad, riam, comiam e bebiam. Ainda melhor, ele estava sozinho no bar e não conversava com ninguém. Era minha chance. Passei pela multidão até ficar de pé ao lado dele. "Olá. Você é amigo do Clive, né? Nós nos conhecemos ontem. Sou Ryan." Thad estendeu a mão e eu o cumprimentei. Mas também coloquei minha outra mão por cima e, de maneira rápida e sutil, balancei sua mão entre as minhas, tomando cuidado para não apertar com muita força nem por muito tempo. Eu tinha a intenção de que ele registrasse o fato de que meu cumprimento era singular. Não queria levantar suspeitas. O sorriso de Thad sugeriu que ele interpretou o gesto como eu esperava — uma leve intimidade, um sinal de cordialidade.

[DICA DE AGENTE SECRETO]

CAUSE UMA IMPRESSÃO COM UM CUMPRIMENTO CARACTERÍSTICO

Se pretende causar uma impressão imediata em alguém, aperte a mão da pessoa de um jeito único. É essencial que você o faça de modo casual, confiante e simples; do contrário, pode parecer estranho e ter um efeito totalmente oposto. Um cumprimento singular sinaliza diretamente à outra pessoa que você está abordando-a de forma amigável. Quando realizado corretamente, é uma demonstração não ameaçadora de intimidade e diplomacia.

Eu precisava puxar conversa, então apontei para a enorme multidão e disse: "É sempre tão difícil conseguir uma bebida por aqui?" Thad sorriu, mas não alongou a resposta. Tinha que tentar algo diferente. "É muito bonito aqui. Achei todo mundo bem receptivo. Gostaria de ter trazido minha esposa e meus filhos."

Thad olhou para cima, parecia hesitante, mas então disse: "Não viajo com frequência, mas concordo, é realmente lindo." Seus ombros se abriram, seus pés se viraram ligeiramente em minha direção e ele me deu um sorriso verdadeiro. "Minha família também gostaria daqui." Era minha deixa.

"Você tem filhos?", perguntei.

"Tenho um menino de 12 anos e uma menina de 15. Por mais magnífica que esteja sendo a conferência, admito que sinto falta deles." Ele acrescentou: "É difícil ficar longe da minha família. Definitivamente não estou acostumado."

Naquele momento senti que progredia, então perguntei: "Seu trabalho impede que você viaje?"

Thad pareceu um pouco desconfortável, mas respondeu: "Bem, é muito complicado viajar. Não tenho permissão devido à natureza do meu trabalho." Isso soou suspeito, como se ele não tivesse autorização para sair do país com muita frequência. Do que se tratava seu trabalho? Por que Thad tinha dificuldade em viajar? Era outro indício de que eu estava conversando com a pessoa certa.

Eu queria obter informações mais específicas, mas tinha que ser extremamente cauteloso sobre o que dizer em seguida. "Nossa. Seu trabalho deve ser muito importante se sua empresa não permite que você viaje! O que você faz?"

Ele cruzou os braços sobre o peito, um sinal de autoproteção. "Sou apenas um pesquisador. Trabalho principalmente com física de partículas."

Em cheio. "É mesmo? Sempre me interessei por esse tema. Adoraria saber mais um dia desses."

Era o momento de mudar o assunto. "Você acha que terá oportunidade de visitar os lugares ao redor antes de ir embora?", perguntei. "Não consigo decidir o que mais quero conhecer." Thad mencionou um museu sobre o qual tinha ouvido falar, mas não sabia se teria tempo. O barman apareceu para tirar nossos pedidos e perguntei o que Thad beberia. Ele disse que no dia anterior havia provado uma bebida local, a qual recomendava, pois não havia nada parecido em sua terra natal. Disse que por mim estava ótimo e que gostaria de prová-la. Ele pediu dois copos. Rapidamente paguei antes que ele pegasse sua carteira. Thad assentiu em apreço à medida que alguns estudantes se esbarravam para se aproximar e falar com ele. Agradeci pela sugestão da bebida e apertei sua mão da mesma forma que fiz antes, olhando diretamente em seus olhos. Afastei-me em direção a outro grupo. Era o momento perfeito para finalizar nossa conversa, pois eu sabia que não podia monopolizar seu tempo sem que outras pessoas percebessem.

20h30. Jantar de recepção

Após o almoço, assisti a outra palestra. Até fiz um questionamento no final para que as pessoas se lembrassem de mim. Tive o cuidado de elaborar a pergunta antecipadamente com o auxílio da minha equipe nos EUA. Precisava aparentar ser um participante legítimo. Quando acabou, conversei com algumas pessoas no corredor. Então, discretamente retornei ao meu quarto para fazer algumas anotações e me vestir para o jantar. Eu refletia sobre meu próximo passo. Todas as conversas com Thad precisavam ser premeditadas e executadas com atenção. Enquanto eu estava confiante de que ele detinha o segredo tecnológico ao qual os EUA queriam ansiosamente ter acesso, não tinha conhecimento suficiente sobre seu caráter para determinar se ele seria ou não um bom ativo. Saber que Thad tinha família era um começo, mas o que mais o motivava?

Conversei com todos sentados à mesa de jantar, mas, enquanto alguns apreciavam descontraidamente suas refeições, eu observava Thad com cuidado. Avaliei todos que estavam presentes, determinando com quem poderia querer conversar mais. Nesse processo, fiz anotações mentais sobre quem estava na mesa de Thad, quem se aproximava dele. Algum garçom estava rondando demais? Inventei desculpas para me levantar algumas vezes — ir ao banheiro masculino ou pegar uma bebida. Em cada uma delas, memorizei os carros estacionados do lado de fora. Não vi nada de suspeito. Mas notei uma mulher se levantar de sua mesa ao mesmo tempo que eu. Observei-a caminhar pelo salão e se posicionar de modo que pudesse ver aonde eu estava indo. Teria que vigiá-la, pois era perfeitamente possível que tivesse sido designada para vigiar Thad. Quando a vi voltar para a mesa, ela pareceu se concentrar em outro homem que também se levantou. Era um bom sinal; significava que ela não suspeitava especificamente de mim.

Realizaram-se alguns discursos, e, finalmente, sobremesa e café foram servidos na sala ao lado. Novamente, Thad era requisitado. Observei-o por alguns minutos e me dirigi até ele. "Como vai? Só queria dizer que adorei a bebida que você recomendou! Espero que eu possa pagar outra para você algum dia." Thad parecia contente por eu ter apreciado sua recomendação.

Sabia que seria uma noite longa, pois planejei esperar até que os outros convidados fossem embora. Precisava ter a atenção total dele. Finalmente, conforme as pessoas retornavam aos seus quartos, eu o vi vestir seu casaco. Abordei-o com uma ideia: "Não sei você, mas nunca consigo dormir quando viajo." Thad disse que o mesmo acontecia com ele. "Já que estamos sem sono, deixe-me pagar aquela bebida."

[DICA DE AGENTE SECRETO]

CONSIGA O PRIMEIRO ENCONTRO

Depois de definir que ter um encontro com alguém será útil para você, é essencial organizá-lo de imediato, já que isso aumentará sua probabilidade de sucesso. Um agente secreto dirá descontraidamente: "O que você vai fazer agora? Deixe-me pagar o almoço" ou "Estou livre na terça que vem para jantar, vamos ao seu restaurante favorito". Quando feita com confiança e insistência na medida certa, essa tática é incrivelmente persuasiva. Lembre-se: o objetivo é conseguir o primeiro encontro, e não vender alguma coisa. Guarde a argumentação para depois.

Thad parecia incerto, mas então respondeu: "Claro. Por que não?" Disse a ele que precisava ir rapidamente ao meu quarto, mas que o bar do meu hotel era agradável e tranquilo. Era o local perfeito para relaxar e conversar. Concordamos em nos encontrar em 15 minutos.

Minha única preocupação era a mulher loira do jantar. Ela poderia estragar tudo. Deliberadamente escolhi um local que, na minha opinião, a manteria longe. Meu hotel era pequeno, o bar era bem intimista e não havia chance de que ela pudesse passar despercebida. Felizmente, deu certo: 15 minutos depois, Thad e eu estávamos sentados em poltronas de couro, discutindo diversos assuntos, que incluíam nossas famílias, o que esperávamos para nossos filhos e até mesmo nossa paixão por relógios antigos. Por volta da meia-noite, nos despedimos. A noite tinha sido exatamente como eu esperava. A conversa que se sucedeu com Thad foi profunda e comprovou sua boa índole. Ele não era motivado por dinheiro; seria preciso algo muito mais significativo para que compartilhasse seus segredos. Mas acho que sabia o que poderia impulsioná-lo. Thad queria as melhores oportunidades para seus filhos. Demoraria um pouco mais até que ele confiasse totalmente em mim, porém eu planejava fazer uma oferta que seria muito atraente para ele e toda a sua família.

Eu precisava contatar imediatamente minha equipe nos EUA para dar início ao plano.

A ARTE DE EXTRAIR INFORMAÇÕES

Agentes da CIA são mais eloquentes do que qualquer outra pessoa. Alguém como Ryan pode conversar facilmente com um diplomata, CEO, político, príncipe, uma rainha ou apenas alguém extremamente rico. A pessoa pode morar em um castelo, ter seu próprio avião e dirigir um Bentley, mas isso não importa. Ele pode se misturar tão bem a ponto de aparentar ter um estilo de vida similar (e, posso garantir, não tem). Quando Ryan falou com Thad, parecia apenas uma conversa amigável e casual. Ele abordou alguns assuntos que considerava comum para um primeiro contato, entretanto, algo muito mais profundo acontecia. Ryan estava extraindo informações de Thad. Um agente secreto é literalmente treinado por horas sobre como conduzir uma conversa para obter informações de alguém. Todas as perguntas feitas por Ryan foram deliberadas. Ele foi praticamente um maestro em uma orquestra, adaptando seus comentários e sua linguagem corporal para suscitar respostas específicas. Seu objetivo principal era coletar informações de Thad sem nunca fazer uma pergunta direta. Ryan foi capaz de extrair as informações que queria sem levantar suspeitas e intimidar o alvo.

Qualquer um dos meus colegas dirá que extrair informações é uma verdadeira arte, mas Anthony se surpreendeu com a forma como cedeu à técnica durante o treinamento: "Nunca me esquecerei de como me sentia superior; pensava que ninguém conseguiria me ludibriar. Então me mostraram a gravação do meu teste, e percebi que o cara tinha me lido como se eu fosse um livro aberto. Só me restava rir. Fiquei envergonhado, mas também compreendi quão poderoso pode ser o método de extrair informações se for bem feito."

A técnica de extrair informações funciona porque a maioria das pessoas geralmente quer ser solícita e gentil. Não é nossa natureza dizer não quando nos fazem uma pergunta, especialmente quando aparenta ser inofensiva. A verdade é que a maioria de nós já utilizou o método de extrair informações em algum momento de nossas vidas. Você já quis surpreender sua esposa com um grande presente de aniversário e fez perguntas sorrateiras para convencê-la a contar o que queria ganhar? Se sim, você usou a técnica. Esse tipo de tática pode ser uma grande vantagem no mundo dos negócios. Se você é vendedor ou empreendedor, pode sentir que despende muito tempo para desenvolver relacionamentos com clientes em potencial. Inúmeras horas (e muitos dólares) são gastas em jantares, cafés da manhã e partidas de golfe, sem mencionar e-mails de follow up, postagens nas mídias sociais e chamadas frias que precisam ser feitas. Para piorar a situação, muito tempo e esforço podem ser desperdiçados apenas para voltar à estaca zero: o cliente não faz um pedido ou o acordo não é fechado. Mas e se, ao colocar alguns simples truques de espionagem em prática, você pudesse descartar rapidamente o cliente que não compraria seu produto ou aquele contato que não seria útil? E se pudesse obter as informações certas de alguém para descobrir se ele será seu próximo cliente?

No mundo da CIA, não há margem para escolhas erradas. Destinar recursos para o alvo errado pode inviabilizar uma operação inteira. É por isso que os agentes secretos são treinados em várias táticas para extrair as informações que desejam de uma pessoa sem que ela perceba que isso está acontecendo. Os agentes secretos obtêm acesso às pessoas e extraem informações importantes que os ajudam a decidir se é vantajoso aprofundar ainda mais o relacionamento. Embora um agente secreto também possa usar o método de extrair informações durante a fase de desenvolvimento, o processo geralmente começa quando se tenta obter acesso a um alvo em potencial. Ele usará várias técnicas para fazer com que uma pessoa comece a falar. Algumas táticas testadas e comprovadas incluem:

Bajulação: Pode soar clichê, mas a bajulação, no mundo da CIA, pode fazer com que você progrida mais do que imagina. Agentes secretos são especialistas em elogiar de modo que a pessoa se sinta bem, sem que pareça exagerado, e também faz com que ela forneça informações. Por exemplo:

"Sua empresa deve estimar muito sua experiência, do contrário não o mandariam para esta conferência. Você deve ser um dos melhores da área."

Um comentário como esse pode fazer com que alguém se abra sobre seu cargo na empresa, compartilhe informações sobre sua área de conhecimento ou até mesmo fale sobre um projeto no qual trabalha.

Interesse Mútuo: Se deseja encontrar uma maneira de fazer um desconhecido se abrir com você, encontre um assunto de interesse mútuo. Você se surpreenderia com a quantidade de informações que uma pessoa está disposta a compartilhar quando percebe que você também tem conhecimento na mesma área. Por exemplo:

"Concordo totalmente, as mudanças na tecnologia de segurança doméstica estão uma loucura no momento."

Esse tipo de afirmação sinaliza à pessoa que você também faz parte do mundo dela e, portanto, é seguro discutir o tema. Você passa a impressão de que entende do assunto, então a pessoa de quem se extraem informações sente que não está compartilhando nenhuma novidade.

Conduzir com Perguntas: Esta é uma tática simples que estabelece as bases para uma discussão mais detalhada. Geralmente funciona porque a maioria das pessoas gosta de ser o centro da conversa. Por exemplo:

"Você sempre trabalhou na mesma empresa de engenharia?"

Essa pergunta incitará a pessoa a compartilhar informações sobre seu histórico de trabalho anterior. Se caso ela responder que trabalha no mesmo lugar há muito tempo, abriu-se a oportunidade para mais questionamentos. O que você gosta nessa empresa? Já pensou em sair?

> **O Artifício da Ignorância:** Seres humanos são solícitos por natureza e tendem a gostar de fornecer informações a quem as solicita. Por exemplo:
>
> *"Desenvolvimento de banco de dados é um assunto completamente novo para mim. O que preciso fazer para entendê-lo melhor?"*

Admitir ignorância em um assunto provavelmente resultará em uma explicação entusiasmada. Apelar para a ignorância geralmente acarreta a obtenção de todas as informações necessárias.

A TÉCNICA DA AMPULHETA: Como Extrair Rapidamente a Informação Desejada

Se analisarmos melhor a história de Ryan, perceberemos um aspecto interessante. Toda vez que conseguiu extrair informações úteis de Thad, ele mudou de assunto. Embora à primeira vista isso possa parecer contraditório, na verdade é parte de um processo de espionagem chamado de macro a micro ou "a técnica da ampulheta". Ao começar com um amplo tópico geral, estreitar para um assunto específico e, em seguida, ampliá-lo novamente, se pode rapidamente extrair informações incrivelmente valiosas de alguém sem que a pessoa suspeite. Você pode perguntar sobre filhos no início da conversa, depois falar sobre trabalho (ou a informação que você realmente deseja), então voltar para um tópico geral, como férias ou comidas favoritas. As pessoas geralmente se lembram do começo e do fim de uma conversa, *mas não do meio*. É por isso que agentes da CIA fazem a pergunta investigativa ao longo do diálogo. É assim que determinam se o alvo tem o que eles querem, sem parecer suspeito. No mundo dos negócios, é possível utilizar essa técnica para avaliar o nível de interesse de alguém em seu produto, quais são suas necessidades, o que o motiva ou até mesmo se cogita recorrer à sua concorrência. Compartilho esse conhecimento para fortalecer a todos como empresários — para fazer contatos úteis e vantajosos mais rápido. Apenas lembre-se (e qualquer agente secreto lhe dirá): agir completamente por interesse próprio muitas vezes ocasiona uma falha na operação. Se quiser que colegas compartilhem informações, esteja preparado para retribuir com boas intenções. Com um pouco de prática, a técnica da ampulheta é bem fácil de executar e pode economizar tempo quando se trata de prospectar novos clientes ou consumidores.

Ryan precisava determinar se Thad de fato tinha o *suposto* nível de experiência em sua área. Isso não significava que ele deveria entender a fundo o que Thad fazia, mas era necessário identificar se o trabalho realizado se encaixava nos critérios. Também era preciso descobrir o que motivava Thad e se ele era uma pessoa confiável. Ryan não poderia simplesmente declarar: "Conte-me tudo sobre seu trabalho. Ele é realmente capaz de mudar o mundo ou causar problemas de segurança nacional? Se pudesse escolher, você preferiria armas ou dinheiro?" Você também não pode dizer a alguém que conheceu em um evento: "Antes que eu invista muito dinheiro e tempo nessa relação, poderia especificar quanto do meu produto você realmente vai comprar?" Por mais inovadora que essa abordagem possa ser, todos sabemos que não é socialmente aceita (é uma excelente maneira de perder um cliente e parecer um idiota). Mas as mesmas técnicas aplicadas por Ryan para extrair informações de Thad podem ser utilizadas para pressentir se um contato em potencial prosseguirá ou não com uma negociação.

COMO UTILIZAR A TÉCNICA DA AMPULHETA

Primeiro Passo: Tenha um Objetivo Claro

Essa técnica não será útil se você não souber o que busca. Agentes da CIA obtêm o máximo de informações gerais sobre as pessoas. Eles não trabalham às cegas. Arme-se com as informações necessárias antes de avançar para alcançar os melhores resultados. No caso de Ryan, ele queria responder às seguintes questões:

1. Essa pessoa tem a experiência adequada?

2. O que a motiva? Sou capaz de incentivá-la?

3. Qual é o seu caráter? É alguém com quem realmente quero trabalhar?

Segundo Passo: Micro: Ofereça um Estímulo Discreto

Quando Ryan teve a oportunidade de falar diretamente com Thad, iniciou o diálogo com um estímulo discreto. Basicamente, é uma conversa cara a cara com o objetivo adicional de obter alguma informação da pessoa com quem se está falando. É muito importante evitar assuntos que incitem emoções, convicções ou algo que possa ser ofensivo. Tópicos como política ou acontecimentos recentes devem ser evitados. Seu objetivo é encontrar um assunto em comum que você possa investigar mais posteriormente. Ryan escolheu falar sobre a família de Thad. Ele ofereceu o seguinte estímulo discreto:

"É muito bonito aqui. Achei todo mundo bem receptivo. Gostaria de ter trazido minha esposa e meus filhos."

Um *estímulo discreto* é uma afirmação com um efeito inofensivo. Essa parte da conversa deve ser tranquila e agradável. Alguns exemplos gerais incluem:

> "É a primeira vez que compareço a esta conferência/evento/reunião."

> "Nem sempre gosto de viajar a trabalho, mas este lugar é fantástico."

> "Está muito mais frio/calor aqui do que eu esperava."

> "Os palestrantes são muito elucidativos."

> "Esta parece ser uma organização muito boa."

> "Minha filha acabou de aprender a andar de bicicleta."

> "Aposto que esquiar nessa região deve ser incrível."

> "Geralmente passeio com meu cachorro a essa hora da noite."

Obtenha Acesso e Observe

Quando Ryan disse a Thad que queria que a esposa conhecesse o local, ele respondeu que a *esposa dele* também gostaria. Assim, Ryan extraiu com sucesso a informação de que Thad era casado. Com uma pergunta complementar muito inofensiva, ele também descobriu que Thad tinha filhos. Família era seu ponto em comum. Ryan também teve o cuidado de observar qualquer sinal físico perceptível. Quando Thad falou sobre sua família, demonstrou linguagem corporal positiva, sinalizando que se sentia confortável e feliz ao abordar o assunto. Ele se entusiasmou com a conversa, abrindo-se fisicamente: pés direcionados para Ryan, peito relaxado e um sorriso. Todas essas informações seriam úteis para Ryan posteriormente, quando tentasse extrair informações mais específicas de Thad.

Os Quatro Indicadores: Um Ponto de Partida

É claro que agentes secretos como Ryan passaram anos aperfeiçoando seus instintos. Essa é uma habilidade que melhora com tempo e prática. De início, pode ser angustiante desenvolvê-la nos negócios. Por onde começar? Como saber o que procurar? Para facilitar, enquanto você se acostuma a essa aptidão, sugiro investigar a fundo o que as pessoas realmente querem. Muitas vezes nos ocupamos tanto em promover nossos negócios ou serviços para um cliente em potencial que nunca paramos para refletir sobre o que ele procura ou precisa. Concentre-se nas quatro áreas seguintes:

> **Preço:** Consegue produzir o que ele consome por um preço menor? É capaz de oferecer o mesmo serviço com desconto?

> **Rapidez:** Consegue fornecer um serviço mais rápido? Seu prazo de entrega é menor do que o oferecido a ele atualmente?

> **Atendimento ao cliente:** Ele está insatisfeito com o serviço prestado? Você é capaz de fornecer um atendimento ao cliente melhor, mais rápido e confiável?

> **Garantia:** Acredita no seu serviço a ponto de fornecer uma excelente garantia? O que você pode oferecer?

Concentrar-se nessas áreas básicas, mas muito importantes, pode ajudá-lo a começar. Se você conversar com o vice-presidente de produção de uma empresa e ele mencionar o estresse no trabalho porque há atraso na linha de produtos, tente obter mais informações e veja se consegue resolver o problema. Se alguém perde clientes por causa da inconsistência do atendimento ao cliente, intervenha e fale sobre como lidaria com a situação. Assim como meus colegas que ainda estão em campo se esforçando para descobrir quem pode ser seu próximo grande ativo, sempre insisto para entender o que um empresário realmente quer ou precisa, e como posso prover isso. Faça questão de prestar atenção durante as conversas. Observe como a outra pessoa reage fisicamente; a evidência de linguagem corporal positiva pode ajudar a determinar se você deve continuar ou recuar.

Sinais de linguagem corporal positiva podem incluir:

> Postura confortável e relaxada

> A pessoa estar de frente para você, pés apontados em sua direção

> A pessoa inclina-se ligeiramente em sua direção

> Braços abaixados, palmas da mão viradas para cima

> A pessoa gesticula ao falar

> Contato visual constante

> A pessoa concorda acenando positivamente com a cabeça

> Risadas

> Cumprimento firme, mas não com força excessiva

Terceiro Passo: Micro: Estreite o Assunto

Quando Ryan definiu um tópico mais amplo com Thad, ele foi capaz de avançar ao estreitar o assunto. Era o momento de fazer uma pergunta mais direta. Ryan questionou por que Thad não viajava com frequência e mencionou que seu trabalho deveria ser muito importante. Ryan tentava fazer com que Thad se abrisse sobre seu local de trabalho e o motivo pelo qual não podia viajar. Seria estranho que alguém revelasse algo tão pessoal; se ele fosse valioso para seu país e não tivesse total liberdade, fazer isso seria até perigoso. A ideia aqui é desencadear a conversa, se referir sucintamente a um assunto com a intenção de provocar uma resposta.

Obtenha Acesso e Observe

Quando Ryan mudou o assunto para o motivo pelo qual Thad não podia viajar, o comportamento físico dele mudou novamente. Em vez de receptivo e feliz, ele parecia desconfortável e retraiu a postura. Quando Ryan não conseguiu extrair de Thad a informação específica sobre a restrição de suas viagens, constatou-se que algo o impedia de revelar o motivo.

Sinais de linguagem corporal negativa podem incluir:

› Não fazer contato visual

› Olhar para baixo

› Sorrisos forçados

› Pés apontados para fora, em direção à saída

› Bater os pés

› Olhar o relógio

> Piscar com muita frequência

> Braços cruzados sobre o peito

Quarto Passo: Macro: Amplie Novamente o Assunto

Assim que Thad demonstrou desconforto em relação ao assunto da viagem, Ryan voltou a um tópico amplo. Como conversavam no bar, ele poderia facilmente retornar a um assunto tão simples quanto o que pediriam para beber. Eles falaram brevemente sobre bebidas locais, Ryan pagou a conta, apertou a mão de Thad como na noite anterior e se retirou quando alguns alunos se aproximaram. A mudança abrupta de assunto foi deliberada, e eis o motivo: as pessoas geralmente memorizam o primeiro tópico de uma conversa e o último, mas tudo o que foi dito no meio será provavelmente esquecido. Isso significa que Thad estava mais propenso a se lembrar dos diálogos cordiais e vagos sobre sua família, associando Ryan a conversas positivas. A parte do diálogo sobre viagens que provocou sentimentos negativos seria completamente esquecida. Ryan teria que repetir o processo até conseguir as informações necessárias para obter acesso a ele.

[DICA DE AGENTE SECRETO]

A GRANA FALA MAIS ALTO: AGENTES SECRETOS PAGAM A CONTA E EM DINHEIRO

Hoje, é comum que a maioria das pessoas fique dias ou mesmo semanas sem pegar em dinheiro vivo. Afinal, todo mundo usa cartões de débito ou crédito, e está se tornando mais habitual realizar pagamentos por meio de smartphones. Essa situação é o oposto de como um agente secreto deve agir. Até hoje pago em dinheiro sempre que possível, e nunca saio de casa sem grana na carteira. Agentes secretos nunca recorrem a cartões de débito e crédito, eles sempre têm dinheiro em mãos. E você deveria seguir o exemplo.

Primeiro, uma simples nota de US$20 (ou algumas delas) pode livrá-lo de muitos problemas inesperados. No mundo da CIA, você pode rapidamente dar ao dono de um restaurante algumas notas só para ele deixá-lo sair pela porta dos fundos da cozinha para não ser detectado por alguém que está seguindo-o. Certa vez me envolvi em um pequeno acidente de carro. Não foi minha culpa, mas o outro motorista estava furioso e claramente não agia de forma racional, e eu estava com pressa para chegar a outro lugar. Ele gritava comigo enquanto minha família estava no carro. Dei a ele duas notas de US$20, ele se acalmou e seguimos nossos caminhos.

Mais importante, um agente secreto nunca permitirá que um ativo em potencial pague a conta. Ele também usará dinheiro, não importa o valor. Você nunca verá um agente secreto colocando seu cartão de crédito na mesa. Mesmo na era da tecnologia, pagar em dinheiro é um gesto simbólico, que sinaliza para os outros que grana não é problema e, o mais importante, cria uma dinâmica que faz a outra pessoa se sentir em débito com você. Novamente, essa é uma situação em que a natureza humana é a melhor amiga de um agente secreto. A maioria se sente grata quando alguém paga a conta. Mesmo que não tenha dinheiro, a pessoa provavelmente retribuirá o gesto de uma forma diferente. No mundo da CIA, esse favor poderia ser devolvido com informações ou uma conexão com alguém influente. No mundo dos negócios, a retribuição também pode ser o compartilhamento de informações e contatos, ou a pessoa em débito sente a obrigação de dar informações quando futuramente necessário.

TÉCNICAS DE ESPIONAGEM EM AÇÃO:
Como Utilizei a Técnica da Ampulheta para Fechar um Acordo com um Bilionário

Há alguns anos, compareci a um evento exclusivo e por acaso soube que um empresário extremamente rico também estaria presente. Sabia que ele recebia ameaças de morte (isso é mais comum com indivíduos de alta renda do que você imagina), e eu achava que era a pessoa perfeita para garantir sua segurança. Se esse cara me contratasse para protegê-lo ou ensinar-lhe algumas técnicas para se manter seguro, isso poderia resultar em trabalhos mais lucrativos. Mas eu não podia simplesmente ir até ele do nada e dizer que era o melhor e deveria ser contratado. E mais, todos no ambiente pareciam desesperados para falar com ele. Em vez disso, conversei com sua namorada, que poderia ser um access agent. Comecei o assunto amplo ao discutir a comida e por que estávamos no evento. Depois de algumas gentilezas, quando percebi que estava disposta a falar comigo, estreitei a conversa à segurança. Eu disse que administrava uma empresa de segurança e não podia acreditar quantas ameaças eram feitas contra pessoas de alta renda. A namorada me confidenciou que estava seriamente preocupada com seu companheiro, pois sentia que ele não dava importância suficiente ao assunto. Ela estava em busca de alguém para contratar, já que ele não faria isso sozinho. Depois dessa informação preciosa, ampliei o assunto novamente. Falei sobre passatempos favoritos e disse que tinha sido bom conhecê-la, mas precisava ir embora. Depois, fiz questão de me reconectar com ela ao telefonar dois dias depois. Ela se lembrou de mim, ficou feliz por eu ter ligado e acabou contratando minha empresa. Ofereci treinamento para seu namorado bilionário e todo seu conselho de diretores.

A técnica da ampulheta funcionou perfeitamente. A namorada me contratou porque a deixei confortável em relação a um assunto que lhe causava ansiedade. Não fui insistente nem exigente, pois sabia que as pessoas tentavam constantemente fazer com que o namorado dela adquirisse seus serviços ou investisse em sua empresa. Mostrei empatia e preocupação. Uma ótima lição: nunca se sabe quem tem a verdadeira autoridade de contratação e quem pode fechar o acordo.

CONCLUSÃO DO TREINAMENTO DE ESPIONAGEM: A Capacidade de Acessar Seus Pontos Fortes Resulta em Sucesso

Embora seja verdade que um bom agente secreto pode conversar com praticamente qualquer pessoa, isso não significa que agentes secretos não sejam treinados para entender seus próprios pontos fortes e fracos. Para sobreviver, é preciso ter uma consciência profunda e inata das áreas em que provavelmente haverá problemas. James, um colega meu que passou anos em operações clandestinas (esses caras realizam as missões mais secretas), teve que cumprir com sucesso algumas das tarefas mais insanas que se pode imaginar para ser aprovado no programa de treinamento. Em uma determinada missão, ele teve que ir a um shopping local e, em um curto período de tempo, convencer alguém a lhe fornecer os quatro últimos dígitos do CPF ou o número do cartão de crédito. Durante essa tarefa, um oficial superior o monitorava, então não havia chance de ele conseguir a informação (a) ameaçando prejudicar a pessoa ou (b) explicando que estava no meio de um exercício insano de treinamento. A informação tinha que ser extraída com todos os truques apresentados neste livro. James descobriu rapidamente como conseguir o que precisava. A solução foi se aproximar de uma mulher de meia-idade que trabalhava no caixa de uma loja quando não havia fila nem clientes por perto. Ele comprou um item, certificando-se de compartilhar que era para sua esposa. Acrescentou alguns comentários sobre como ela era ótima, que seu aniversário de casamento estava próximo e que esperava que gostasse. A caixa registrou o item e disse a James quanto custava: US$63,23. Ele falou:

"Sério? Isso é tão engraçado! São os últimos quatro números do meu CPF! Qual a probabilidade? Acredita que só me lembro, pois meu pai morreu aos 63 anos e conheci minha esposa aos 23?" Na maior parte dos casos, a caixa retribuía e compartilhava a técnica que utilizava para lembrar seu número de CPF, e James conseguia as informações para cumprir a missão. Ele percebeu desde o início do processo que mulheres de meia-idade colaboravam mais. Quando tentou com as mais jovens, fracassou. Homens de todas as idades? Pior ainda. Não conseguiu nenhuma informação. Consciente do que funcionava melhor para ele nessa situação, usou esse conhecimento para ter êxito e cumprir a missão. James não foi orgulhoso nem perdeu tempo tentando extrair a mesma informação de um homem de 30 anos.

Se há uma lição que logo se aprende no mundo da CIA é que nem sempre será possível agradar a gregos e troianos. Se você não é o tipo de pessoa que pode se conectar facilmente com um traficante que precisa ser capturado, você será morto. Deve-se esquecer do orgulho em prol da missão e focar a pessoa certa para realizar o trabalho. Não deixe sua empresa perder uma oportunidade de negócios porque você não está acessando seus próprios pontos fortes. Na TV, agentes secretos podem fazer qualquer coisa, mas a verdadeira bravura, no mundo da CIA e dos negócios, consiste em saber quando outra pessoa deve assumir a liderança.

[ALERTA DE AGENTE SECRETO]

O que Você Faria se Alguém Tentasse Fazê-lo Revelar Seus Segredos Comerciais?

Novamente, qualquer agente da CIA lhe dirá que é preciso "dar para receber". No entanto, você deseja permanecer no controle e compartilhar informações somente quando achar que é apropriado. Se alguém tentar extrair informações suas, utilize as seguintes maneiras de se esquivar para fazer com que a pessoa o deixe em paz:

- Mude de assunto. Tenha algumas opções premeditadas. Qualquer uma funcionará, desde carros e golfe a recomendações de restaurante.

- Dê uma resposta vaga se a pergunta fizer você se sentir desconfortável.

- Finja não saber a resposta para uma pergunta.

- Peça licença educadamente e se retire da conversa.

- Chame outra pessoa para participar da conversa.

- Separe alguns aspectos sobre o seu negócio que você gostaria de compartilhar. É a situação perfeita para fazer isso.

CAPÍTULO 4

DESENVOLVIMENTO

O Poder das Alianças Estratégicas

A HISTÓRIA DE RYAN PARTE 3

Moscou, Rússia, Três Meses Depois

A essa altura, eu sabia que tinha algo extremamente atraente para oferecer a Thad. Eu esperava que fosse tentador o suficiente para convencê-lo a compartilhar informações sobre seu trabalho comigo e com minha equipe. Ainda assim, precisava convencê-lo a confiar em mim.

Após nossa reunião na conferência, fiz questão de manter contato com ele. Trocamos alguns e-mails e mantive assuntos bem gerais, mas fiz questão de me referir a algumas das coisas sobre as quais falamos pessoalmente. Retomei o tópico sobre relógios antigos. No hotel, notei que ele usava um relógio — não era extraordinariamente elegante como um Rolex, mas, apesar de estar bem desgastado, era bonito. Observei o objeto o máximo que pude. Quando compartilhei os detalhes com os caras do centro de fabricação, eles acharam que era um Movado, com calendário triplo, provavelmente feito de aço inoxidável. Minha descrição sugeria que era da década de 1940. Isso significava que o relógio era algo que Thad herdara de sua família ou ele se interessava por objetos antigos benfeitos. Não era o tipo de relógio disponível em uma loja de departamentos local. Fiquei intrigado e decidi aprender o máximo sobre itens vintage e relógios em geral, para que pudéssemos conversar sobre o assunto — uma ligação entre nós.

Em um de nossos e-mails, contei a ele sobre um relógio vintage da Tiffany & Co. do período art déco, o qual eu pensava em comprar. Tive que admitir, eu realmente apreciava aprender como os relógios são feitos e o fato de Thad ter me apresentado algo novo. Disse a ele que estava curioso para saber se tinha algo parecido em sua coleção. Não tinha, mas me disse que, em sua opinião, era uma peça ótima para se adquirir. Também perguntei sobre seus filhos e o informei de que meu filho mais velho estava começando a pensar na faculdade. Não abordei nenhum assunto que levantaria suspeitas. Qualquer pergunta sobre trabalho estava estritamente proibida. Presumi que seus e-mails eram lidos por alguém.

Após alguns meses trocando e-mails casuais, era hora de implementar a próxima parte do plano. Enviei um e-mail para Thad dizendo que viajaria a trabalho para Moscou nas próximas semanas e pedi que saíssemos para jantar. Expliquei que não conhecia ninguém em sua cidade e gostaria de ter a oportunidade de jantar com um nativo. Certifiquei-me de acrescentar que minha empresa ficaria feliz em pagar a conta. Thad respondeu que ficaria muito feliz em aceitar o convite. Marcamos uma data e eu disse que estava ansioso para encontrá-lo em breve.

Thad não sabia, mas cheguei a Moscou alguns dias antes de nossa reunião agendada. Queria ter certeza de que meu quarto de hotel era completamente seguro, além de averiguar o restaurante onde jantaríamos. Um amigo havia sugerido o local porque era clássico e tradicional, o tipo de lugar para onde um turista gostaria de ir, o que minimizaria qualquer suspeita. O restaurante era espaçoso e lotado, então era fácil passar despercebido. Por fim, era muito caro. Provavelmente Thad não tinha condições de comer lá e eu esperava que a oportunidade fizesse com que ele concordasse. Analisei qual mesa oferecia privacidade, sem dar a impressão de que eu tentava me esconder, e dei uma gorjeta ao maître para garanti-la. Tudo parecia em ordem.

Na noite do jantar, me certifiquei de chegar primeiro. Quando Thad entrou, o cumprimentei com nosso aperto de mão característico. Era hora de começarmos a desenvolver uma ligação. Ele parecia se sentir desconfortável no ambiente sofisticado, pois estava inquieto em sua cadeira. Relaxei minha própria postura de propósito para fazê-lo sentir-se menos incomodado e comecei a tamborilar. Perguntei como foi seu dia, e ele falou um pouco sobre o clima e seus filhos. Thad começou a relaxar. Ele estava mais confortável, me olhava nos olhos e se sentou um pouco para trás na cadeira para se envolver mais na conversa. Segui seu exemplo e também relaxei. Reparei que, conforme se sentia mais à vontade, o volume de sua voz aumentava um pouco e ele falava mais devagar. Ao perceber a mudança, fiz questão de abrandar minhas palavras, apenas um pouquinho. Não queria que ele notasse o que eu estava fazendo. Pedimos nossas refeições e continuamos a falar sobre nossos filhos. Discutimos os vários desafios de criar adolescentes. Fiz questão de falar sobre como realmente esperava que meus filhos tivessem a oportunidade de frequentar uma grande universidade, mas que me preocupava com o quão caro seria. Deixei claro que, na minha opinião, a educação era o segredo para as oportunidades. Thad assentiu, mas seus trejeitos mudaram novamente. Percebi que ele respirou fundo, como se apenas pensar no futuro de seus filhos fosse estressante. Ele usou a palavra imprescindível ao dizer: "É imprescindível que as crianças recebam uma boa educação. Compartilho totalmente de suas preocupações."

Nossa comida chegou e continuamos a conversar enquanto degustávamos a deliciosa refeição. Falamos um pouco sobre nosso hobby em comum, colecionar relógios antigos, mas ele não pareceu se animar, mesmo quando lhe contei sobre o OMEGA Speedmaster que consegui por uma pechincha em um leilão (na verdade, quem encontrou foi o centro de fabricação). Era o mesmo estilo de relógio usado por um astronauta que pisou na Lua. Como Thad não teve uma reação forte depois que toquei no assunto, decidi tentar uma abordagem diferente. Depois que nossos pratos foram retirados e pedimos a sobremesa, eu disse: "Ah! Deveria lhe mostrar o relógio!" Puxei minha manga, revelando um lindo, mas evidentemente desgastado relógio. Antes que Thad dissesse qualquer coisa, rapidamente tirei o objeto do pulso e coloquei na mão dele. Notei uma mudança repentina. Quando sentiu o peso do relógio, um pequeno sorriso despontou em seu rosto. Ele ficou quieto e passou alguns segundos analisando o objeto, virando-o na mão, sentindo o peso da pulseira e passando o polegar pelo mostrador. Seu rosto estava diferente; era quase como se, por um momento, ele estivesse em um mundo diferente.

Antes que falasse algo, eu disse: "Quase me esqueci: tenho um pequeno presente para você!" Retirei uma pequena sacola de veludo do interior do meu paletó e entreguei a Thad. "Lembro que você mencionou que precisava de uma nova pulseira para seu relógio. Não tenho certeza se é exatamente o que estava procurando, mas vi no eBay e pensei que poderia dar certo."

Thad olhou dentro da sacola, se inclinou, bateu no meu braço e disse: "Nem posso acreditar, é perfeito!"

Eu ri e falei: "Sério, fico muito feliz em ouvir isso. Há tantas opções de peças de relógios. Fico satisfeito em ajudar um colega colecionador." A verdade? Aquela pulseira era muito rara e minha equipe fez um excelente trabalho ao encontrá-la, mas Thad não precisava saber disso. Nossas sobremesas chegaram, e comemos como se fôssemos velhos amigos. Senti-me convicto da ligação estabelecida; estávamos nos aproximando e eu ganhava confiança. Percebi que ele estava mais à vontade comigo. Apenas precisava manter o fluxo até o momento certo da grande revelação. Tinha esperanças de que não demorasse tanto, mas sabia que não poderia forçar a barra.

ESTABELEÇA ALIANÇAS, NÃO CONTATOS

Vivemos em uma época em que qualquer informação desejada, de recomendações de restaurantes a informações médicas, está a alguns cliques de distância. É incrivelmente fácil saber como viajar para a África ou encontrar referências de um ótimo professor de matemática para seu filho. Mas mesmo com informação acessível, *em toda parte*, muitos ainda se apegam à ideia de "ter bons contatos". Não acredito que seres humanos sejam tão acessíveis quanto informações. É fácil atribuir o sucesso de alguém ao fato de conhecer as "pessoas certas" ou fazer parte dos "círculos certos". Podemos dizer: "Bem, adoraria trabalhar para essa empresa, mas não tenho *quem me indique*." Ou: "Meu sonho é abrir uma galeria de arte, mas não conheço as pessoas certas." Passamos tempo pesquisando incansavelmente informações sobre um bairro para o qual queremos mudar ou um carro novo que desejamos comprar; aprendemos cada detalhe... mas, caso haja alguém em uma posição de poder ou um especialista que gostaríamos de conhecer, supomos que está fora de alcance.

Meu treinamento na CIA mostrou que ninguém está realmente fora de alcance. Há sempre uma entrada. O importante é entender que o mais difícil não é encontrar uma maneira de obter acesso a alguém, mas desenvolver esse relacionamento. Há uma grande diferença entre ter uma lista cheia de nomes poderosos e realmente ser capaz de aproveitá-los. Eu não teria sucesso tão rápido com minha empresa se não tivesse feito algumas conexões essenciais. O que fez a diferença para mim é que desenvolvi ligações. Não consegui apenas alguns endereços de e-mail e comecei a fazer exigências e pedidos às pessoas.

Ninguém sabia quem eu era. Mas meu treinamento na CIA me ensinou a estabelecer alianças, que não são apenas contatos. Na verdade, uma aliança consiste em alguém que o considera um ativo em sua própria vida. Essa pessoa confia em você, se sente à vontade, respeita-o e valoriza seu conhecimento e sua experiência.

COMO ESTABELECER ALIANÇAS

Amigos e familiares já pediram favores para todos nós. Se um bom amigo que mora perto pedisse para olhar a casa dele enquanto está de férias, você possivelmente diria: "Sem problemas. Fico feliz em fazer isso." É provável que essa pessoa tenha atendido a favores seus no passado e, caso precise, você se sentiria à vontade para pedir-lhe ajuda. Um relacionamento já está estabelecido e o que se pede não é grande coisa. Se algum colega de trabalho que você encontrou apenas uma vez dissesse: "Ei, vou sair de férias. Se eu lhe der as chaves da minha casa, poderia recolher minha correspondência e cuidar do meu gato?", você ficaria surpreso. É possível até que sinta raiva e queira evitar essa pessoa por ser tão presunçosa, pois a relação está contaminada antes mesmo de começar. No mundo dos negócios, muitos cometem esse erro ao não despender tempo e energia para desenvolver uma ligação ou estabelecer uma aliança.

Como empreendedores e vendedores, frequentemente temos que assumir riscos, o que às vezes significa pedir um favor a alguém que não conhecemos. Nunca é fácil e sempre há uma chance de nosso pedido ser rejeitado. Concentramo-nos tanto em *conseguir* o contato que não pensamos no que acontecerá depois que a conexão for estabelecida. Quando conseguimos o contato, é importante nos preparar para potencializar a oportunidade. Como potencializamos a oportunidade de interagir com uma pessoa poderosa, uma celebridade ou um especialista que possa ajudar nossos negócios? Da mesma forma que Ryan fez com Thad. Com calma e segurança, estabeleça uma aliança ao fazer conexão, encontrar pontos em comum e deixar a pessoa confortável. Uma das principais táticas que um agente secreto aplicará para começar a construir um relacionamento é a de se adequar para ser compatível.

ADEQUAR-SE PARA SER COMPATÍVEL

De modo geral, as pessoas se sentem mais à vontade com quem se parece com elas. Não estou necessariamente falando sobre *aparência* (embora isso muitas vezes seja verdade), mas a maioria dos humanos tende a se sentir mais confortável com quem compartilha uma semelhança. Provavelmente você sente isso desde o jardim de infância. Se adorava desenhar quando criança, provavelmente procuraria as que também gostavam de desenhar. Se amava correr por aí, ia atrás das crianças que brincavam de pega-pega. É simplesmente a natureza humana em ação, e é essencial pensar sobre isso quando se tenta estabelecer uma aliança com alguém. Embora conversar e aprender a extrair as informações corretas seja crucial na espionagem, os agentes secretos entendem que conhecer alguém não começa com palavras. De fato, as estatísticas mostram que apenas 7% da comunicação é verbal; 55% dela consiste em expressões faciais; e 38%, em vocalização (timbre, tom, pausas etc.). Para criar a base de uma conexão, os agentes secretos se adéquam para ser compatíveis com o comportamento de alguém com quem desejam estabelecer uma aliança. Aprender a fazer isso com êxito deixará as pessoas que você deseja conhecer à vontade e preparará o terreno para aprofundar ainda mais o relacionamento.

Primeiro Passo: Nem Sempre Se Tratam de Palavras

De imediato, Ryan começou a se adequar para ser compatível com os gestos de Thad no restaurante. Ele notou que Thad parecia desconfortável, inquieto em sua cadeira e movimentando as mãos. Ryan reagiu ao assumir uma postura similar. Ele não copiou todos os movimentos de Thad (o que provavelmente teria sido percebido e pareceria estranho), mas fez questão de tamborilar, o que tranquilizou Thad. Quando começaram a conversar sobre seus filhos, Thad falou um pouco mais alto e com mais calma. Se você deseja desenvolver uma relação, comece com os gestos e deixe as palavras fluírem depois. É muito fácil subestimar o poder do vínculo estabelecido por gestos e sons. Se tem filhos, provavelmente se lembra de como era difícil acordar no meio da noite com um bebê chorando. Até que certa vez algo aconteceu. Você pegou aquele bebê chorando e de repente ele estava sorrindo para você. Naquele momento, seu coração derreteu um pouco e foi fácil perdoar seu filho por toda a privação de sono. O sorriso de um bebê imediatamente provoca um sorriso no pai (mesmo quando exausto), e uma conexão verdadeira surge. Com a prática, é possível usar essa técnica para começar a estabelecer alianças positivas. Existem vários sinais físicos aos quais você pode se adequar para ser compatível e criar certo conforto.

Expressão facial: A pessoa expressa ansiedade, surpresa, tristeza, felicidade? É uma expressão sutil, fácil de decifrar ou exagerada?

Postura: A pessoa está encostada na cadeira? Ou se inclina para frente? Ela apoia a cabeça nas mãos ou senta reto e se mantém atenta?

Contato visual: É direta ou a pessoa evita contato visual? Ela pisca com frequência?

Tom de voz: É natural que mudemos de tom para expressar diferentes emoções. Qual emoção o tom de voz da pessoa sugere? Como ele se altera com o desenvolvimento da conversa?

Gestos: A pessoa gesticula? Há gestos específicos e únicos?

Ritmo: A pessoa acelera e desacelera o ritmo do discurso ao falar sobre determinados assuntos?

Respiração: A pessoa acelera ou desacelera a respiração às vezes?

Contato físico e proximidade: A pessoa toca na mão dos outros quando quer enfatizar algo? Ou se inclina para frente ou para trás enquanto conversa?

E SE A PRINCIPAL MANEIRA DE SE CONECTAR COM SEUS CLIENTES FOR POR TELEFONE?

Embora não se tenha acesso a alguns dos principais sinais físicos por telefone, você pode definitivamente decifrar o nível de interesse de alguém mesmo sem encontrá-lo pessoalmente. Tom de voz e respiração são os principais indicativos. A pessoa parece monótona e desinteressada? O ritmo de discurso aumenta quando ela parece se empolgar? Sua respiração desacelera? Há sinais de que quer desligar (repetição de palavras como *hum* ou *certo*)? Você consegue ouvi-la fazer outras atividades durante a ligação, como digitar? A pessoa tamborila com impaciência? Esses são sinais de que é necessário finalizar a ligação ou melhorar sua estratégia e deixar a conversa mais dinâmica.

Assim que Ryan começou a se adequar para ser compatível, Thad se sentiu mais à vontade. Como nossos cérebros nem sempre percebem com facilidade que a pessoa está espelhando nossos comportamentos, geralmente associamos essa sensação de conforto e bem-estar ao nosso interlocutor. É o que cria a base da aliança; a compatibilidade consolida o sentimento de que a pessoa é uma influência positiva, alguém que gostaríamos de ter em nossas vidas.

É importante salientar que não é necessário espelhar todos os comportamentos alheios. Escolha apenas alguns que pareçam naturais e cômodos para você. Por exemplo, se achar que tamborilar na mesa é totalmente estranho, optar por fazê-lo não parecerá espontâneo. Tente sempre manter seus gestos o mais natural possível. O fato é que essa técnica pode lhe dar uma vantagem. Mas para utilizá-la bem é preciso limpar a mente e se concentrar totalmente na conversa. Fazer isso lhe dá melhor condição para que possa se adequar devidamente para ser compatível.

[DICA DE AGENTE SECRETO]

A MANEIRA CERTA DE FAZER CONTATO VISUAL

Pesquisas mostram que a maioria das pessoas se sente confortável com um contato visual de aproximadamente 3,2 segundos. Ultrapassar esse tempo pode parecer muito íntimo ou até mesmo intimidador. Estudos também apontam que, se a pessoa que faz contato visual parecer confiável, é possível manter o contato por mais tempo sem causar desconforto. Tenha sempre em mente

> que há diferenças culturais sobre o que é aceitável ou não. Por exemplo, na China e no Japão, fazer contato visual não é padrão, é geralmente considerado ofensivo.

Segundo Passo: Crie uma Ligação

Agentes secretos sabem que, para criar um relacionamento de sucesso com um alvo, eles devem ser pacientes durante o processo de desenvolvimento. Não pode haver pressa. Mesmo que Ryan tivesse um tempo limitado na conferência, sabia que se realmente quisesse persuadir Thad, precisaria agir à maneira dele (ou fazê-lo pensar que era o que fazia). Ryan sabia que se apresentasse o verdadeiro motivo por trás de seu relacionamento com Thad de forma precipitada, ele destruiria toda a operação. Ryan seguiria para a próxima fase da missão apenas depois de fazer com que Thad se sentisse confortável fisicamente, criando ligações ou semelhanças. A verdadeira característica de uma boa ligação psicológica é que ela apresenta uma semelhança, mas a pessoa que realiza o desenvolvimento é capaz de adicionar um toque único ou incomum. Por exemplo, se você gosta de fazer trilhas e outra pessoa com o mesmo interesse diz que já percorreu sozinha o Pacific Crest Trail, isso a coloca em uma posição única. Você compartilha algo em comum, mas essa pessoa tem algo adicional a oferecer e que a torna mais atraente. Isso pode iniciar outra parte da conversa, na qual perguntas de interesse são feitas: como foi? Como conseguiu folga do trabalho? É basicamente uma forma de aprofundar o relacionamento. Alguns exemplos de ligação podem incluir:

> Família

> Viagens

> Serviço militar

> Esportes

> Hobbies

> Livros e filmes

> Música

> Lugar de origem

> Formação educacional

> Conferências

Para os agentes secretos, conhecimento é sempre poder, e alguns dos maiores segredos que nos foram revelados começaram com uma pergunta tão banal quanto: "Você fez faculdade na Costa Leste?" Adquira o hábito de criar ligações ao conseguir novos contatos de negócios ou clientes em potencial, aprenda a ser paciente e deixe o relacionamento evoluir. Tenha em mente que uma ligação *sempre* leva a algum lugar. Claro, talvez não exatamente aonde se esperava, mas é preciso trabalhar com o que se tem. Por exemplo, se ao buscar uma semelhança você diz "Meus filhos entram de férias na semana que vem", e a pessoa responde "Não tenho filhos", trabalhe com a informação que a ligação lhe forneceu. Tente: "Cara, meu amigo não tem filhos, e admito que realmente invejo sua liberdade às vezes. Ele faz as melhores viagens." Essa ligação pode levá-lo ao lugar certo.

[DICA DE AGENTE SECRETO]

ESCUTE PALAVRAS-CHAVE NAS CONVERSAS

Ao desenvolver uma conexão com alguém, escute as palavras-chave que essa pessoa utiliza para enfatizar pontos ou palavras repetidas com frequência. Por exemplo, Ryan percebeu que Thad usou a palavra "imprescindível" ao falar sobre faculdade. Um agente secreto instintivamente utilizaria a mesma palavra; outra forma simples de ser compatível e desenvolver rapidamente uma conexão.

Há algumas regras rígidas que agentes da CIA seguem à risca para desenvolver um alvo. Embora muitas delas apliquem comportamentos bons e simples, são essenciais para fazer com que um alvo ou um contato de negócios confie em você, se sinta confortável e realmente se abra.

> › Nunca se esqueça da empatia, mas não a confunda com amizade. Assim como na espionagem, a relação é de negócios.

> › Cuidado com a superioridade. Ainda que você queira parecer único ao criar ligações, se vangloriar constantemente pode ser prejudicial.

> › Não julgue o que lhe for confidenciado.

> › Não dê conselhos a menos que seja expressamente solicitado.

> Não interrompa nem termine frases.

> Não mude o assunto da conversa.

> Seja um ouvinte extraordinário. Mostre interesse no que a pessoa tem a dizer.

> Elogie, mas com cautela. Não exagere.

Pegue o Caminho Paralelo

Agentes da CIA também são especialistas em "caminhos paralelos", uma forma de encontrar uma alternativa comum, mas ligeiramente diferente para qualquer tema. Pegar o caminho paralelo se trata de compartilhar um interesse ou uma experiência parecida, porém com diferenças suficientes para que quaisquer falhas óbvias de conhecimento sejam evitadas. Por exemplo, você pode gostar de fazer churrasco e sua esposa, de cozinhar. Ambas são habilidades culinárias e é possível ter uma boa conversa sobre a preparação de alimentos, mas os estilos são diferentes o suficiente para que não se espere que vocês tenham o mesmo conhecimento e competência. Agentes secretos como nosso amigo Ryan são frequentemente encarregados de desenvolver os maiores especialistas em suas missões. Meus colegas entendem consideravelmente de áreas como matemática, programação ou biologia, mas nunca se esquecem de que alguém como Thad está anos-luz à frente. Eles devem ter cuidado para não se engajar de forma tão avançada em uma conversa a ponto de as falhas em seu conhecimento ficarem evidentes. Se há dificuldades em encontrar uma semelhança com alguém que queira fazer negócios, considere pegar o caminho paralelo. Se a pessoa gosta de livros de mistério, mas você prefere ficção científica, permita que a orientação da conversa seja o fato de que ambos apreciam a leitura.

Você faz parte de um clube do livro? Lê livros físicos ou e-books? Tem uma livraria preferida? Pegar o caminho paralelo pode levar a conversas cativantes, mesmo quando parece que não há nenhum aspecto em comum.

> ### PEGUE EMPRESTADO O INTERESSE OU A EXPERIÊNCIA DE ALGUÉM PARA FAZER CONEXÕES
>
> As conexões não precisam se limitar ao que pessoalmente achamos interessante. Se alguém compartilhar um interesse que não tem nada a ver com você, mas que seja um assunto pertinente para sua filha, esposa ou amigo, então, traga-o à tona. Se há uma conversa sobre balé e você tem dificuldade de entrar no assunto, considere pegar emprestado o interesse de alguém: "Sabe, nunca fui ao balé, mas minha sobrinha começou a fazer aulas e ama esse estilo de dança. Talvez eu deva levá-la." Quando perceber uma oportunidade em uma conversa, por menor que seja, agarre-a, mesmo que o assunto não seja relevante para você.

Terceiro Passo: Dê para Receber e, assim, Encontrar um Ponto em Comum

Quando Ryan quis manter a conversa com Thad, ele falou sobre seus filhos, pois verificara que Thad também era pai de família, então sabia que essa linha de questionamento poderia fazê-lo se abrir ainda mais. A maioria não compartilhará abertamente seus medos e ansiedades com pessoas desconhecidas, a não ser que esse outro alguém crie uma atmosfera convidativa e acolhedora. Ryan mencionou seu receio sobre não conseguir pagar pela educação de seus filhos, o que fez com que Thad admitisse que também tinha a mesma preocupação; informação que Ryan pode utilizar para continuar a desenvolver a confiança de Thad. Ele revelou uma vulnerabilidade.

Acredite se quiser, agentes da CIA nem sempre estão em busca da vulnerabilidade de alguém para explorá-la de maneira diabólica, mas eles a usarão para prosseguir com o relacionamento na direção que desejam. Ao saber que Thad se preocupa com o custo da faculdade, Ryan pode usar isso para direcionar a conversa para outros assuntos. Por exemplo, ele pode eventualmente perguntar a Thad se já pensou em se mudar para os EUA para que seus filhos estudem lá.

Embora não seja muito fácil saber quando é apropriado se abrir com alguém em um ambiente de negócios, o compartilhamento de informações é quase sempre bem-vindo. Não estou sugerindo que você divulgue informações secretas sobre seu trabalho, mas qualquer informação útil que se compartilhe provavelmente causará impacto. Você pode não discutir suas preocupações pessoais sobre o aumento dos custos do trabalho (ou pode, se for o caso), mas compartilhar como conseguiu lidar com esse obstáculo provavelmente o consagrará como alguém solícito e útil, o tipo de pessoa com quem se quer formar uma parceria.

Faça da Sinceridade o Seu Padrão

Embora seja verdade que os agentes da CIA desenvolvam uma conexão com alguém para um propósito muito específico, qualquer um dos meus colegas dirá que se conecta com a pessoa com sinceridade. A sinceridade é tão importante quanto fazer conexões úteis.

Portanto, faça com que a missão de se conectar com os outros por meio de uma semelhança genuína traga os melhores resultados para o seu negócio. Concordo plenamente com Warren Buffett quando ele disse: "São necessários 20 anos para construir uma reputação e 5 minutos para arruiná-la. Se pensar sobre isso, fará as coisas de maneira diferente." Nunca arrisque sua marca ou reputação pessoal para fazer uma conexão baseada em completa falsidade; simplesmente não vale a pena.

Estilos de Aprendizagem São Importantes Além da Sala de Aula

Ryan tinha começado a construir uma ligação com Thad sobre relógios, fazendo anotações mentais para se lembrar do máximo de detalhes possível. É muito provável que Ryan não fosse um colecionador de relógios, mas o assunto despertou seu interesse e ele conseguiu buscar essa semelhança com Thad de forma sincera. Além de conseguir usar esse tópico como uma ligação, o mais importante foi que Ryan aprendeu a forma como Thad processava as informações.

Agentes da CIA são treinados para perceber quase tudo sobre o comportamento humano, incluindo o estilo de aprendizagem de cada pessoa. Ryan notou imediatamente que Thad não se impressionou muito com o relógio quando o mencionou no jantar. Eles conversaram o suficiente sobre o assunto, e Ryan sabia que Thad ficaria empolgado em ver o objeto. Ao decidir tirá-lo e entregá-lo para ele, o comportamento de Thad mudou. Ele sentiu o aço inoxidável liso e frio, o peso da pulseira e as pequenas ranhuras na coroa. Foi nesse momento que Thad teve uma reação visível, e isso sugeriu que seu estilo de aprendizagem era cinestésico. Assim, ser capaz de tocar em algo, senti-lo com suas próprias mãos, era significativo para ele. É seu modo de processar as informações.

Ao compreender como as pessoas processam as informações, é possível se comunicar mais claramente com elas, apresentar informações de maneira atrativa, adaptar propostas que prendam a atenção e construir um relacionamento mais forte e significativo. Os quatro principais estilos de aprendizagem a serem observados incluem:

Auditivo: Se esse for seu estilo, você provavelmente era um bom aluno. As pessoas que reagem a esse estilo apreciam informações verbais, como ocorre em uma sala de aula. A combinação de instrução verbal e linguagem corporal é de mais fácil compreensão.

Visual: Como o nome sugere, pessoas que se adéquam a esse estilo precisam ver como algo funciona, em vez de uma simples explicação. Esse tipo de pessoa aprecia fotos, diagramas, gráficos e listas.

Cinestésico: Assim como Thad, as pessoas desse estilo gostam de tocar as coisas, sentir do que são feitas. Elas se beneficiam de experiências práticas. Apreciam se movimentar enquanto aprendem.

Leitura e Escrita: Pessoas que aprendem dessa forma se sentem confortáveis ao ler e escrever. Podem facilmente absorver informação de um livro e entendê-lo com suas próprias palavras.

Se deseja ser considerado um empresário que é ótimo comunicador, aprenda a utilizar esses diferentes estilos em suas práticas de negócios. Aprender a alternar entre diferentes métodos para atender às necessidades dos outros resultará em uma comunicação mais clara, conexões mais fortes e, por fim, mais vendas.

CONCLUSÃO DO TREINAMENTO DE ESPIONAGEM: Compreender Estilos de Aprendizagem Resulta em Negócios

Em 2015, alguns anos depois de meu negócio realmente começar, eu estava em negociação com uma grande empresa para fechar um acordo de licenciamento e queria muito que desse certo. O acordo valeria várias centenas de milhares de dólares no primeiro ano e logo totalizaria sete dígitos. Era uma empresa muito respeitada e daria um grande impulso para o meu negócio. Marcamos uma reunião para esclarecer todos os aspectos finais. Eram só eu e um dos executivos em uma pequena sala. Havia alguns papéis e livros sobre a mesa, e me certifiquei de me posicionar de modo que esses itens não ficassem entre nós. Sentei-me em frente a ele. Como não tive a oportunidade de conhecer essa pessoa antes, tinha que estar mais do que preparado. Apareci na reunião munido de tudo o que eu precisava, fosse seu estilo de aprendizagem visual, auditivo ou outro. Na minha bolsa, havia recursos visuais, marcadores, gráficos e amostras, bem como uma proposta que consistia principalmente em texto direto. Eu não perderia a oportunidade. Graças ao meu treinamento, percebi facilmente por seu comportamento e reações que sua aprendizagem era visual. Um dos itens que eu esperava trazer para a parceria era uma faca personalizada.

Ele queria segurar e analisar atentamente o produto, girando-o nas mãos. No momento adequado da conversa, mostrei fotos e diagramas, e seus olhos se iluminaram. A partir daí, apresentei recursos visuais para sustentar meus pontos principais, desenhei no quadro branco com os marcadores coloridos e mostrei meus gráficos também. Ele ficou fascinado. Tenho a satisfação de dizer que, no final, consegui o acordo. Melhor ainda, agora que sabia que esse cara reagia bem a estímulos visuais, eu poderia me preparar melhor para nossas reuniões, e nossa comunicação fora impecável.

[MITOS DE AGENTE SECRETO DESVENDADOS]

SE ENTRAR PARA A CIA, TERÁ QUE SE DESPEDIR DE SUA FAMÍLIA E DE SEUS AMIGOS PARA SEMPRE.

Falso!

Caso esteja se perguntando se Ryan inventou todas as histórias sobre sua família apenas para se conectar com Thad, a resposta é não. O mito de que agentes secretos precisam se despedir de parentes e amizades é completamente falso. Garanto que agentes da CIA ainda veem seus pais, irmãos e amigos (se estiver pensando em fazer parte da CIA para se livrar para sempre do jantar de Ação de Graças com sua família, me desculpe por desapontá-lo). Milhares de pessoas trabalham na sede da

CIA, que parece uma pequena cidade; ou seja, além dos agentes secretos, há equipe de segurança, contadores, assistentes administrativos e funcionários do RH. Há até mesmo baristas, pois a CIA tem sua própria Starbucks.

É óbvio que, dependendo da natureza do trabalho, há detalhes que não podem ser compartilhados pelos agentes secretos. É comum que um agente em campo não possa revelar sua localização para seus familiares. Não necessariamente porque sua família não pode saber, mas porque é importante proteger as fontes. Porém isso não significa que o agente não possa entrar em contato com seus familiares. Há sempre uma maneira, seja um número de telefone especial, seja um contato no prédio administrativo da CIA.

COMPREENSÃO E ALIANÇAS
RESULTAM EM SUCESSO

Depois que deixei a CIA e comecei meu próprio negócio, ficou evidente que considero as conexões de forma diferente de muitos outros empreendedores. Meu treinamento para ir a fundo, ter paciência e construir conexões é tão inerente que mal percebi que usava essas ferramentas para desenvolver meus negócios. Já disse antes que minha personalidade é bastante introvertida, mas isso pouco importa com esses recursos. Se fizer questão de usar sua intuição, estabelecer ligações e considerar potenciais contatos como alianças, mais do que apenas um nome e endereço de e-mail, logo conseguirá fazer conexões com pessoas que podem ajudá-lo a levar sua empresa a um novo patamar. Pode ser até que, ao longo do processo, você faça uma ou duas grandes amizades.

CAPÍTULO 5

RECRUTAMENTO

Partir para o Ataque e Sempre Ganhar

Memorando, PROJETO Q

Data: 26 de março de 19XX

PARA: XXXX XXXXXXXX

DE: Ryan J. Jones

RE: Relatório de atualização de ação referente ao sujeito nº 3123, também conhecido como "Thad"

Prezados senhores,

Tenho me encontrado regularmente com "Thad" nos últimos três meses, desde a nossa reunião inicial na Conferência ISOKRATES. Nossas conversas, que começaram cordialmente, progrediram para uma amizade mais profunda, de confiança e respeito mútuo. À medida que meu conhecimento permite, acredito que as habilidades de Thad são extraordinárias, únicas e incomparáveis.

Seu envolvimento no PROJETO Q seria de enorme valor para os EUA.

Acho também que suas habilidades e capacidade de conduzir as pesquisas necessárias são muito prejudicadas pelas limitações impostas a ele por seu governo.

Thad também está extremamente preocupado com o bem-estar de sua esposa e filhos na situação atual. Ele é vigiado rigorosamente e proibido viajar, e não deseja o mesmo futuro para seus filhos. Tenho certeza de que ele estará aberto à nossa oferta, a qual apresentarei em momento oportuno.

Atenciosamente,

Ryan J. Jones

A HISTÓRIA DE RYAN E THAD PARTE 4

Thad e eu jantávamos juntos regularmente para continuar nossas conversas. Gostávamos de falar sobre nossos filhos, hobbies e pratos que pedíamos. Eu o levava a restaurantes que ele nunca poderia ir com seu próprio salário. No começo, pagar pelas refeições parecia deixá-lo desconfortável, mas eu insistia que ele fazia um grande favor ao me acompanhar. Até convidei sua esposa algumas vezes. Sabia que a opinião dela significava muito para ele, e queria que ela me conhecesse melhor. A esposa dele era poetisa, e confessei que não entendia praticamente nada de poesia. Ela gostava de me ensinar sobre o assunto, e eu fazia questão de salientar que era fascinado por seu mundo, mesmo sem saber muito. Ela era descontraída, amigável e muito curiosa sobre a minha vida nos EUA. Ela ficou maravilhada com histórias simples sobre minhas viagens com minha família à quente e ensolarada Flórida no meio do inverno. Admitiu que nada parecia tão maravilhoso e riu ao apontar para a janela, onde a neve caía pesadamente de um céu totalmente cinza.

Ainda que aos poucos, durante nossos encontros Thad continuava a se abrir sobre as restrições que enfrentava de seu próprio governo em seu país. Era uma informação valiosa, pois eu precisava continuar a desenvolver um argumento irresistível para a oferta que faria.

Fui à casa simples de Thad, onde nos sentamos perto da lareira para beber chá em xícaras lascadas e tentar nos aquecer. Sempre fazia frio no ambiente. Disse a ele que tinha terminado de ler *Cem Anos de Solidão*, de Gabriel García Márquez, e que achei a história fascinante e a linguagem rica e marcante. Perguntei se ele já havia lido esse livro. Thad olhou para mim de forma estranha e não respondeu. "O que foi?", perguntei.

"Lamento que não tenhamos muito acesso a livros por aqui", disse ele, finalmente. "Somos privados de uma literatura significativa. Você é realmente afortunado por poder ler o que quiser." Pedi desculpa e comentei como era fácil não dar o devido valor a aspectos básicos. Peguei minha bolsa e comecei a vasculhá-la. "Ah! Está aqui", falei, enquanto pegava o livro surrado. "Acho que você vai gostar desse também."
Entreguei-lhe um exemplar de *O Sol É para Todos*. "Não tenho ideia se é do seu interesse, é um clássico norte-americano. Releio de vez em quando e fico feliz em deixá-lo para você."

Os olhos de Thad se arregalaram. Livros eram um presente muito melhor do que jantares luxuosos, pois representavam algo mais importante para ele: liberdade, acesso à literatura, expansão da mente e experiência intelectual. Ele disse: "Você realmente é um bom amigo. Adoraria ler esses dois. E que presente para compartilhar com meus filhos!" A neve voltava a cair do lado de fora e informei que precisava retornar ao hotel. Thad me deu um grande abraço, algo que nunca tinha feito. Disse a ele que o veria no jantar da semana seguinte.

Uma semana se passou até o grande dia. Levou meses de trabalho, mas eu não tinha dúvida de que minha oferta seria aceita. A verdade é que não faço uma oferta a alguém a menos que tenha certeza de que a pessoa aceitará. Afinal, se não concordasse com minha proposta, ele me denunciaria ao seu governo; e, da próxima vez que nos encontrássemos, eu acabaria com uma sacola na cabeça e nunca mais seria visto. Mas Thad se abria comigo emocional e fisicamente — sua linguagem corporal sugeria confiança e afinidade.

Ao chegar, Thad parecia aflito. Quando perguntei se estava bem, ele disse que sim, mas que a caminhada no tempo frio foi mais longa do que previra. Ele limpou a neve de sua roupa e sentou-se. Seu humor melhorou assim que se aqueceu. Pedimos nossa comida e perguntei sobre os livros. Ele disse que ainda não tinha tido a chance de lê-los, pois seus filhos basicamente os atacaram — estavam muito animados por ter algo novo para ler. Thad admitiu que se sentia mal por seus filhos não terem acesso a algo tão básico quanto bons livros. Eu disse que ficaria feliz em deixar os livros que levara comigo. Thad olhou em meus olhos e me deu um aperto suave no ombro. "Você tem sido um bom amigo para mim e minha família. Realmente apreciamos esses presentes, mais do que você imagina." Esse era o momento perfeito.

Inclinei-me para frente e disse em voz baixa: "Thad, me escute. Você não precisa viver assim, sem liberdade e com medo. Preciso compartilhar algo, mas não sei se você toparia. Sei que tem muito orgulho de seu trabalho aqui." Thad olhou para mim, intrigado.

"Posso ajudá-lo", falei. Thad parecia um pouco ansioso. Eu havia reparado que, quando se sentia assim, ele tendia a esfregar as mãos. Espelhei seu comportamento, falando mais devagar e repetindo algumas palavras como se também estivesse ansioso. Previ que isso aconteceria, pois Thad era deliberado e cauteloso.

"Eu, é... me desculpe. Não deveria ter mencionado nada disso. Esqueça, por favor. Vamos pedir a sobremesa. Minha proposta provavelmente não é adequada para você ou sua família."

A insinuação de que não saberia o que eu ia dizer, associada à menção à sua família, era exatamente o necessário para despertar de vez sua curiosidade. "Não, por favor, me conte."

Permaneci confiante, olhando-o diretamente nos olhos, o que fez com que Thad se endireitasse de imediato para ouvir. Expliquei a ele como eu poderia ajudar sua família e, até hoje, as palavras que falei ainda são confidenciais. Ele tentava conter sua felicidade. Minha oferta era tudo o que ele sempre quis. "Thad, se concordar em trabalhar conosco, podemos providenciar isso tudo."

Sua resposta foi exatamente como eu esperava: "Sim. Sabe de uma coisa? Acho que meu conhecimento será muito útil para vocês, concorda? Posso compartilhar tudo que sei." Era como se estivesse *me* convencendo, como se a ideia fosse dele.

Eu disse: "É uma oportunidade única. Uma educação excelente, liberdade para você e sua esposa, qualquer livro que quiser ler!" Dei risada quando mencionei o aspecto da leitura, como se o plano todo fosse fácil e nada importante; ele só precisava aceitar minha oferta.

"Só preciso lhe contar uma coisa, Thad." Fiz questão de dizer seu nome repetidamente. "Thad, eu trabalho para o Governo dos EUA. Gostaríamos que você trabalhasse conosco. Pode ser um desafio tirá-lo daqui, mas tenha certeza de que conseguiremos.

Estou lhe dando a oportunidade de uma nova vida. Para iniciar esse procedimento, posso lhe entregar US$15 mil agora mesmo, mas preciso que você me dê algo em troca."

Movi meu copo de água do centro para a lateral da mesa, para que ele visse claramente o que eu estava prestes a fazer. Peguei uma folha de papel, coloquei-a discretamente à direita e disse: "Preciso dar uma garantia aos caras do meu país.
Eles precisam ver que você realmente concorda." Dei um leve tapa no papel, indicando que ele precisava assiná-lo. Não o empurrei em sua direção, ainda não era o momento. Mantive minha mão em cima do documento o tempo todo. "Já fizemos isso antes. Você e sua família não precisam se preocupar."

Thad ouvia atentamente; eu sabia o quanto ele queria uma vida melhor para seus filhos. Ele pegou o papel, mas eu ainda estava com a mão em cima. "Ao aceitar, você tornará o mundo um lugar mais seguro. Poderá usar seu conhecimento para fazer o bem", comentei. Ao mesmo tempo, deslizei o papel em sua direção. Ele leu rapidamente, assinou e discretamente me devolveu. Guardei o documento na minha bolsa. Consegui o que precisava. Olhei para Thad e disse: "Isso merece uma comemoração. Vamos pedir a sobremesa."

> **[DICA DE AGENTE SECRETO]**
>
> ## *O PODER DA REPETIÇÃO DO NOME*
>
> ---
>
> Dale Carnegie estava certo quando disse: "Ouvir o próprio nome é o som mais agradável e significativo em qualquer idioma." Os agentes da CIA sabem disso. Quando se está no processo de fechar um acordo ou mesmo fazer contatos, faça questão de dizer o nome da pessoa de propósito. A repetição do nome chama a atenção de seu interlocutor e provoca a sensação de que ele é interessante e digno de consideração.

COMO FAZER UMA PROPOSTA REALMENTE IRRECUSÁVEL

No clássico filme *O Poderoso Chefão*, Don Corleone, personagem de Marlon Brando, é abordado por seu afilhado, que lhe pede ajuda. Ele quer desesperadamente um papel em um filme, mas sabe que a chance de consegui-lo é mínima. Don Corleone garante ao seu afilhado que o papel será dele e diz a memorável frase: "Farei uma oferta que ele não poderá recusar." Pouco tempo depois, o produtor do filme acorda com uma cabeça de cavalo decepada em sua cama, e o afilhado de Corleone acaba conseguindo o papel.

É fácil pensar (graças a Hollywood) que agentes da CIA usam força e violência para convencer as pessoas a fazerem o que eles querem.

Nada poderia estar mais distante da verdade. Ainda que agentes secretos façam ofertas irrecusáveis melhor do que qualquer outra pessoa, eles agem de forma metódica. No mundo da CIA, interpretar mal o nível de interesse de um alvo arruinará de imediato toda a operação. Isso causará problemas para o agente secreto com seus superiores, além da preocupação de que o alvo revele sua identidade para o governo, causando sua morte iminente ou prisão perpétua no país estrangeiro. Um empresário não será morto nem torturado por alguém que rejeite sua proposta. Porém, quando se trata de manter o crescimento de uma empresa, todo acordo importa. Talvez a maior dádiva de meu treinamento na CIA seja o conhecimento de quando concluir o ataque, ou seja, saber o momento exato em que um alvo está pronto para ouvir e aceitar minha oferta. Nunca perco tempo com pessoas que não se interessam pelo que tenho a oferecer. Posso identificar com exatidão quando alguém está preparado para fechar um acordo, e, com a prática, você também conseguirá reconhecer o momento.

O MOMENTO MÁGICO

O momento em que um agente secreto leva a pessoa a aceitar algo em troca de informações é uma arte. Meus colegas passaram anos em campo aperfeiçoando sua abordagem e ajustando suas habilidades. Suas vidas dependem *sempre* da identificação exata do momento mágico. Felizmente, quando se trata de conduzir negócios, não é preciso passar por anos de treinamento ou viver disfarçado em um país estrangeiro para aprender a identificar esse momento. Existem algumas táticas fáceis de seguir, bem como alguns sinais reveladores de que uma pessoa está disposta a considerar sua oferta.

Primeiro Passo: Pratique a Paciência

A paciência é realmente uma virtude, principalmente na espionagem. O processo não pode ser apressado. Não estou sugerindo que se deva levar um cliente para jantar por meses, gastando incontáveis quantias de dinheiro, mas que é necessário investir tempo *suficiente* até descobrir o que o motiva. Qual é sua personalidade? Como pode deixar seu produto ou serviço atraente? Com o passar do tempo, é provável que descubra como fazer isso mais rapidamente, mas quando estiver aprendendo a identificar o momento mágico, não se apresse. O tempo despendido valerá a pena quando sua oferta for aceita ou quando seu produto ou serviço for solicitado.

Segundo Passo: Linguagem Corporal: Faça uma Avaliação Final

Ryan observou a linguagem corporal de Thad o tempo todo. Um bom agente da CIA nunca para de avaliar a linguagem corporal, continuamente reparando em como um alvo reage a determinados comentários, ações e estímulos externos. É quase como se um agente secreto organizasse um arquivo em sua mente de como uma pessoa se incomoda, fala, usa expressões faciais e faz contato visual. Quando o momento mágico se aproximar, um agente secreto perceberá que a pessoa expõe traços receptivos. Os sinais observados serão aparentes, sugerindo disposição, confiança e vontade de prosseguir. Ryan notou que Thad fazia contato visual direto e lhe deu um tapinha no ombro. Ele sabia que esses sinais mostravam que Thad estava aberto e pronto para receber a proposta.

Sinais de receptividade: A pessoa dá um sorriso autêntico (e não nervoso), as palmas da mão estão viradas para cima; ela se inclina para ouvir, toca levemente em você e seus braços permanecem abertos.

Terceiro Passo: Questione-se: A Pessoa Tenta Convencê-lo?

Quando Thad disse que seria útil para os EUA, Ryan soube que conseguira o que queria. Ryan tinha apenas começado a instigar o alvo, mas Thad sabia que era algo significativo e, assim, quis se mostrar merecedor da proposta e garantir que estava à disposição para o trabalho. Sempre que um cliente começa a falar sobre suas características positivas e por que você deveria trabalhar com ele, quase sempre é sinal de que o acordo está garantido.

Sinais de convencimento: A pessoa começa a falar sobre suas características positivas e formas de contribuição. Ela assegura sua capacidade ao explicar como suas habilidades e experiência podem ser úteis.

Como Elaborar o Discurso Perfeito

Os sinais são favoráveis e se tem certeza de que o sujeito está pronto para adquirir seu produto, contratar seu serviço ou aceitar sua proposta. É o momento de partir para o ataque e fazer seu discurso. Para garantir que você conduza alguém para o momento mágico de fechamento, é preciso apresentar um discurso irrecusável. Ryan passou horas com Thad, conhecendo-o e desenvolvendo uma ligação. Ele sabia como a ideia de liberdade e acesso à educação eram indispensáveis. Outra pessoa poderia se sentir mais atraída pela ideia de dinheiro ou pelo glamour de ser um agente secreto. Embora especialistas digam que o discurso perfeito está no que se oferece, no mundo da CIA acredita-se que a diferença está na personalização e na apresentação. Para criar um discurso vencedor — tão poderoso que as pessoas estarão dispostas a deixar seu país de origem — considere o seguinte:

Comunique o verdadeiro valor: Como a pessoa *realmente* se beneficiará da sua oferta? Minhas aulas do curso Spy Escape & Evasion abordam diversos assuntos, desde autodefesa com armas improvisadas a como se tornar um detector de mentiras humano. Vendo segurança e tranquilidade. Ofereço ferramentas que possibilitam que as pessoas se cuidem sem precisar depender dos outros para sobreviver. Quando falo dessa forma, todos querem me contratar. Se apenas oferecesse "aulas de segurança", soaria genérico e não comunicaria o verdadeiro valor do meu serviço. Recebemos o mesmo discurso batido de vendas, que sempre fracassa. Elabore seu discurso de modo que seu alvo compreenda claramente como o serviço pode melhorar sua vida ou mudar a forma como conduz os negócios.

Reconheça os maiores desejos e preocupações: Ryan sabia que Thad queria acesso ao conhecimento, afinal ele era um acadêmico, então utilizou esse desejo para ilustrar como sua vida melhoraria se aceitasse a oferta. Pais ansiosos em mandar seus filhos para a faculdade me procuram e explico que meu curso de espionagem capacitará os jovens para que tenham melhores condições de permanecer em segurança, e isso alivia o medo. Geralmente, os benefícios emocionais de adquirir um produto ou contratar um serviço são significativos. Portanto, desenvolva um discurso que considere receios e desejos variados.

Comprove: Ryan basicamente pediu que Thad usasse seu conhecimento a favor dos EUA. É claro que nos negócios os riscos podem ser altos. Mas não tão altos. Se Thad expressasse preocupação, Ryan provavelmente o acalmaria ao comprovar seu argumento com outros casos. Sem revelar muitos detalhes, ele daria exemplos de outras pessoas da comunidade científica que trocaram suas vidas de privação pela liberdade plena. Embora fatos e números sejam importantes, não subestime o poder de uma história. Seres humanos geralmente têm uma reação emocional ao escutar histórias sobre outras pessoas em situações semelhantes. Dar um exemplo positivo é uma ajuda para incitar o alvo ao momento mágico.

Crie um senso de comunidade e conformidade: As pessoas almejam conexão e gostam de se associar a grupos positivos. Ao elaborar o seu caso, inclua informações relacionadas ao sentido de comunidade — outros que se beneficiaram de seus produtos ou serviços. O ideal é falar sobre o que se oferece como parte de um movimento maior: por exemplo, nos EUA, Thad é considerado um acadêmico e cientista estimado e respeitado por sua experiência. Quando apresento meus serviços, transmito o quão capacitador será para a empresa como um todo ser treinada em habilidades de espionagem que podem salvar a vida de seus colaboradores. Fornecer esse serviço aos funcionários faz com que se sintam mais seguros e cuidados pelo empregador, além de oferecer uma oportunidade de vínculo durante o treinamento. No final, eles se sentem parte de uma comunidade de pessoas positivas e autoconfiantes.

FAZER-SE DE DIFÍCIL
PARA CONSEGUIR O SIM:
O Método Conclusivo para Selecionar Clientes
e Facilitar a Vida

Para esclarecer, não uso meu treinamento da CIA para enganar ou manipular pessoas. Isso teria uma repercussão negativa no meu objetivo de construir relações de negócios baseadas na integridade e na confiança mútua. Mas acredito no uso do conhecimento que adquiri no meu treinamento para trabalhar com mais inteligência e avançar mais rápido. De fato, há um tempo, depois de fazer várias aparições na televisão que aumentaram extremamente minhas vendas, percebi que poderia treinar outras pessoas sobre como fazer o mesmo. Sabia que, se minha abordagem funcionava para mim, daria certo para qualquer um. Muitas pessoas se interessaram de imediato — ao que parece, muitas querem aparecer na televisão! Mas não queria perder meu tempo com especuladores; buscava apenas clientes sérios. Percebi que poderia usar o método conclusivo para avaliar potenciais clientes e perceber quem de fato se inscreveria no treinamento.

Para tanto, elaborei um questionário a ser preenchido com algumas exigências: ser um empresário que fatura pelo menos US$250 mil em negócios por ano; não trabalhar em uma empresa cuja atividade se relaciona à pornografia, tabaco ou álcool; e, por fim, esclareci que apenas atendo sete clientes por vez e preciso de um depósito de US$100 para reservar uma consulta telefônica. Depois que essas condições são cumpridas, envio um calendário de horários disponíveis (realizo esse treinamento apenas às quartas-feiras). Quando realmente contato um cliente, ele já passou por muitas etapas e está muito empolgado com a possibilidade de trabalhar comigo. Para esclarecer, não faço isso para dar um toque de exclusividade aos meus serviços, mas para eliminar pessoas que não são realmente sérias e, assim, economizar muito tempo.

CONCLUSÃO DO TREINAMENTO DE ESPIONAGEM: Como Consegui um Acordo no *Shark Tank*

Sou bastante reservado e, como muitos com experiência na CIA, também sou introvertido. Jamais teria imaginado que participaria do reality show *Shark Tank*, promovendo meu negócio na televisão nacional para milhões de pessoas. Sabia que as chances não estavam a meu favor: 85% das pessoas que fazem negócios no programa vendem produtos, e eu era um dos 15% que oferecem serviços. Tinha consciência do grande valor do meu curso Spy Escape & Evasion, mas precisava convencer os "tubarões" de que era digno de investimento.

Primeiro, fiz uma pesquisa realmente aprofundada. Li todos os livros que cada um dos tubarões já havia escrito. Era uma quantidade considerável, o que levou certo tempo, mas eu não desperdiçaria uma oportunidade tão fantástica. Cada pessoa que tinha o poder de me conceder um acordo escrevera volumes inteiros — uma ótima maneira de aprender como cada uma abordava os negócios. Também esperava ter noção da personalidade deles. Depois de terminar os livros da lista, procurei todos os artigos escritos por um tubarão ou sobre um tubarão; mais uma oportunidade para aprofundar meu conhecimento sobre cada um deles. Despertou meu interesse o fato de que Daymond John parecia ter muitas conexões com pessoas que fazem palestras em grande escala. Isso realmente poderia ajudar meu negócio. Eu tinha "detectado" a essência de Daymond John. Para saber se ele se interessaria pela minha empresa, era necessário "avaliá-lo" melhor. Descobri que ele tinha uma fazenda e vários hectares de terra, ou seja, amava a natureza. Um bom sinal de que meu discurso poderia chamar sua atenção.

Por fim, investiguei a fundo o próprio programa de TV. Assisti a todos os episódios de *Shark Tank* e reparei nos tipos de perguntas que cada tubarão fazia. Também observei que tipos de respostas os agradavam ou não. Analisei sua linguagem corporal. Memorizei suas reações quando gostavam de um produto e estavam prestes a fazer uma oferta, ou quando odiavam e iam recusá-lo. Por fim, assisti a todas as entrevistas de TV que cada um dos tubarões já havia feito (obrigado, YouTube).

Durante uma entrevista, Daymond John casualmente mencionou um profissional de marketing renomado com quem estava trabalhando. Por acaso, eu conhecia esse mesmo profissional que, anos atrás, me enviou um e-mail gentil (ele deseja permanecer anônimo, por isso não compartilharei seu nome). Sabia que minha conexão com ele poderia ser a solução. Um dia antes do meu discurso no *Shark Tank,* imprimi uma cópia desse e-mail. Após me vestir naquela manhã, dobrei a folha ao meio e coloquei no bolso do terno. Essa informação poderia me ajudar a "desenvolver uma relação" com Daymond John.

Fiquei no "tanque" por cerca de 55 minutos. Durante esse tempo, Daymond me questionou sobre como eu administrava meu negócio. Com base em minha pesquisa, sabia que era o momento de usar minha arma secreta. Retirei o e-mail do meu paletó e disse: "Daymond, sei que conhece 'fulano' e gostaria de ler um e-mail que ele me enviou." Li o papel em voz alta e a linguagem corporal de Daymond mudou de imediato.

Essa era a grande mudança que eu buscava e sabia que conseguiria um acordo. Estava convicto de que tinha "recrutado" Daymond John para a minha causa. Nos minutos seguintes, ele começou a tentar me convencer sobre por que deveríamos fazer uma parceria. Explicou a razão de ser a melhor opção *para mim* e por que nossa colaboração poderia ser tão proveitosa. Não demorou muito para que retornasse ao "modo tubarão", mas não importava: sabia que tinha conseguido. No fim, ele era um dos *dois* tubarões que me ofereceram um acordo. Escolhi fazer a parceria com Daymond, que deu um enorme impulso à minha empresa.

TRANSFORME O CICLO IADR EM SUA NOVA ARMA SECRETA

Quando usado corretamente, o ciclo IADR pode economizar muito tempo e eliminar as pessoas que realmente não querem adquirir seus serviços. Praticar essas táticas o ajudará a identificar seu cliente perfeito e evitar aqueles que não deseja. Ryan foi capaz de propiciar uma nova vida de liberdade para Thad. Embora seja fácil considerar o ciclo IADR manipulador, lembre-se de que, nos negócios, o serviço ou o produto que você vende melhorará a vida de alguém. No fim, o ciclo IADR aproxima as pessoas de coisas que talvez nem sequer soubessem que queriam, mas que, após estabelecerem a ligação, não imaginam a vida de outra maneira.

Embora o ciclo IADR seja uma ferramenta fantástica que o encorajo a utilizar, lembre-se de que os agentes da CIA também sabem exatamente quando recuar se um ativo não colaborar. Os agentes secretos não se incomodarão em avançar no ciclo se houver sinais de que o acordo não é recuperável. Se houver indícios de que um ativo não é honesto, estável ou confiável, eles interromperão o ciclo. Se perceber sinais semelhantes, questione se é sensato avançar. Os agentes secretos também devem sempre manter o ritmo. É claro que há imprevistos nos negócios e nem sempre é possível avançar tão rápido quanto gostaríamos, mas se você estagnou e está difícil retomar o ritmo, considere direcionar suas energias para um alvo diferente.

CAPITULO 6

O CICLO IADR
PARTE CINCO, VULGO (T)

Como Transferir ou Terminar uma Relação para a Máxima Produtividade

25 de setembro de 19XX

PARA: XXXX XXXXXXXX

DE: Ryan J. Jones

RE: Plano de transferência referente ao sujeito nº 3123, também conhecido como "Thad"

Prezados Senhores e Senhora:

Thad e sua família se adaptaram bem às suas vidas nos Estados Unidos. O filho mais velho de Thad se revelou quase tão brilhante quanto o pai e se formará no MIT na próxima primavera. O trabalho de Thad foi um complemento positivo e essencial para manter os EUA em segurança.

Confio no compromisso e na lealdade de Thad ao PROJETO Q. Desenvolvemos uma amizade sincera, e essa missão foi proveitosa e positiva para todos os envolvidos. Como tenho certeza da lealdade de Thad ao seu novo país, informo a todas as pessoas pertinentes que implementarei um plano para transferir Thad para seu novo case officer. O plano de transferência será executado imediatamente.

Atenciosamente,

Ryan J. Jones

A HISTÓRIA DE THAD PARTE CINCO

Fiquei comovido ao dirigir para a casa de Thad, provavelmente pela última vez. Ele e sua família haviam se estabelecido muito bem em uma pequena cidade fora da área da grande Boston. Seus filhos iam bem na escola, e sua esposa havia feito amizades na comunidade e até começado a escrever novamente. Um de seus filhos descobriu o basquete e jogava no time da escola. A vida estava indo incrivelmente bem para eles, e eu me sentia grato por ter contribuído com essa nova chance.

Meus superiores ficaram muito satisfeitos com o trabalho que fiz nesse projeto, mas em breve eu partiria para o Oriente Médio e não fazia ideia de quanto tempo ficaria por lá. Era o momento de transferir Thad.

Transferir ou terminar uma relação com um alvo nunca é divertido, mas gosto de lembrar que a natureza do meu relacionamento com os alvos é única. Eles fornecem serviços ao governo em troca de algo que desejam, e eu facilito essa situação. Mas isso não significa que não me preocupo sinceramente com o bem-estar dessa pessoa, pois me importo sim. Thad foi uma das pessoas mais inteligentes que já conheci em minha carreira, e tive o privilégio de conhecer alguns dos homens e mulheres mais brilhantes do mundo. Thad também foi cortês, gentil e muito sociável. Sempre saía de nossas reuniões me sentindo inteirado, como se tivesse passado bons momentos com um amigo de longa data. Não estava na expectativa de dizer a ele que teria que transferi-lo para um colega. Com base em minhas experiências anteriores, esse processo nem sempre era tranquilo.

Quando estacionei na frente da casa de Thad naquela tarde fresca de final de outono, ele estava sentado em uma cadeira na varanda e vestia um suéter. Ele me abraçou e me deu um tapinha nas costas. Nós entramos. Ao contrário de sua casa na Rússia, a nova casa de Thad era quente e aconchegante. Uma das primeiras coisas que fez quando chegou foi começar a colecionar livros. Ele construíra uma grande estante para sua sala de estar e aos poucos selecionava uma excelente biblioteca. Sentei-me no sofá, taciturno. "O que foi?", perguntou ele. "Você parece chateado. Espero que não esteja indisposto."

Olhei para cima, me inclinei para frente e disse: "Estou. Hoje tenho que falar com você sobre algo e admito que é muito difícil para mim."

Thad parecia nervoso. "Espere, você não vai nos mandar de volta, vai? Você prometeu que isso não poderia acontecer!"

Imediatamente garanti a Thad que não era esse o assunto. "Não. Não precisa jamais se preocupar com isso. Dei-lhe minha palavra."

Thad suspirou de alívio. "Desculpe. Jamais deveria ter duvidado de você. Por favor, me diga qual é o problema."

"Iniciarei outro projeto e ficarei fora do país por um período extremamente longo. Isso significa que tenho que transferi-lo." Ele parecia confuso, mas não muito chateado. "Não poderei mais ser seu case officer. Um colega meu me substituirá imediatamente. Não sei quando nos veremos de novo. Sinto muito e espero que entenda."

Thad se recostou na cadeira e esfregou as mãos. "É frustrante e não sei o que pensar, mas entendo. Sempre serei grato pelo que fez pela minha família."

Levantei-me e disse: "Tenho algo para você." Peguei um pequeno pacote. Dentro havia um Hager, um relógio de fabricação norte-americana inicialmente disponível apenas para agentes da CIA. "Você é norte-americano agora. Desejo-lhe tudo de melhor." Thad sorriu quando viu o presente. Desde que se mudou para os EUA, sua coleção de relógios aumentou significativamente. "Você conhecerá seu novo case officer em breve. Ele será seu parceiro a partir de agora."

Despedi-me de Thad, sua esposa e filhos. Enquanto dirigia pela rua, eu o vi acenando pelo espelho retrovisor. Fiz uma prece silenciosa para que ficassem seguros e felizes nos EUA.

O CICLO IADR PARTE CINCO:
O (T)

Até o momento já se sabe que o ciclo IADR tem quatro componentes principais, mas meus colegas falarão rapidamente sobre a parte cinco, também conhecida como "(T)". O "T" significa "transferir" ou "terminar". Todo relacionamento cultivado durante uma operação deve ser encerrado, sem pendências. Os case officers devem seguir para a próxima missão e decidir se os recrutas serão transferidos ou a relação com eles, terminada. Não, "terminar" não tem sentido literal aqui. Os recrutas não serão mortos. Os envolvidos na operação avaliam continuamente o caso e determinam se um recruta ainda é valioso para a CIA. Se for, ele será transferido para outro case officer. Como as fases de recrutamento e desenvolvimento, as mais difíceis, já foram realizadas, o novo case officer deverá criar sua própria conexão. Pode ser difícil quando um recruta está acostumado com seu parceiro anterior. Ele precisa se sentir seguro e saber que seu novo contato cuidará de seu bem-estar e da segurança de sua família. Se um recruta não for mais considerado valioso, a relação será terminada. Nesse caso, é quase como um término, mas de modo extremamente cauteloso. As emoções devem ser controladas. Revela-se ao ativo que as informações fornecidas não são mais consideradas valiosas para que ele seja pago por elas, e que a relação deve terminar. Obviamente, essa pessoa pode ficar com muita raiva e expor o disfarce do agente, o que representa um verdadeiro problema.

A TRANSFERÊNCIA PERFEITA:
O EXEMPLO MÁXIMO DE
BOA GESTÃO DE CLIENTES

Os riscos são maiores quando uma pessoa se sente negligenciada ou mesmo traída ao ser transferida para um novo case officer. Como a transferência pode ser muito difícil, deve ser tratada com muito cuidado. Nunca imaginei aprender em meu treinamento na CIA a lição valiosa sobre gestão de clientes. Todos sabemos que, quando se é empreendedor ou pequeno empresário, é tentador tentar lidar com tudo sozinho. Queremos garantir que os maiores e melhores clientes sejam tratados com respeito e sintam que recebem sua atenção pessoal. Empreendedores também aprendem que, se querem que seus negócios cresçam, devem continuar a expandir a lista de contatos da empresa. O CEO ou o responsável por qualquer negócio precisa pensar como um agente da CIA — seguir em frente ou morrer. É quase impossível continuar a construir um negócio gerenciando pessoalmente todos os relacionamentos importantes com os clientes.

Os EUA têm agentes secretos em todo o mundo que estão constantemente coletando informações. Contudo, empresários geralmente não fazem questão de coletar informações de seus ativos mais importantes — seus clientes. Uma das lições mais valiosas que aprendi em meu treinamento é que munir a si mesmo (e sua equipe) com informações é o segredo para transferir um cliente com sucesso para outro membro da equipe, tendo tempo para expandir a empresa para novos patamares. Na Spy Escape & Evasion, criei uma prática em que os membros da equipe são criteriosamente informados antes de assumirem o relacionamento com os clientes. É um processo de duas etapas que mantém os clientes satisfeitos, permite que a equipe faça o melhor trabalho e oferece oportunidades para upsell e vendas repetidas para nossos melhores clientes.

Primeira Etapa: Prepare Sua Equipe

Faça a combinação certa: Pondere a transferência de um cliente para um novo responsável. Não tome essa decisão com base apenas em quem da sua equipe tem mais tempo disponível ou mais experiência para assumir. Vá além e considere quem tem afinidade, semelhanças ou cuja personalidade é mais adequada. Se um membro de sua equipe é incrivelmente animado, reflita se ele é o mais compatível com um cliente reservado e discreto. Se tiver um cliente que necessite de paciência e auxílio, pense em alguém de sua equipe preparado para lidar com esses aspectos.

Lembre-se de que, no mundo da CIA, as transferências têm maior chance de sucesso quando há menos pessoas envolvidas no processo. Espionagem tem tudo a ver com interações interpessoais. Claro que esse tipo de relação não pode ser replicado em muitas empresas, mas há algo a ser aprendido com ela. Relacionamentos pessoais e descomplicados têm maior chance de florescer. Na Spy Escape & Evasion, o objetivo é fazer com que nossos clientes sintam que estão trabalhando com um pequeno negócio, e pretendemos manter esse sentimento à medida que a empresa cresce.

Exponha as expectativas detalhadamente: É impossível corresponder às expectativas se não se sabe quais são. É por esse motivo que um agente da CIA recebe informações detalhadas sobre as expectativas de cada aspecto de uma missão. O que ele deve fazer? Que tipo de informação é considerado útil ou valioso?

Sempre que consigo um novo cliente e estou pronto para transferi-lo para um membro da equipe, exponho minuciosamente todas as expectativas dessa pessoa, as quais devem ser atendidas. Se garanto que um grande pedido será cumprido em noventa dias, o novo contato do cliente na minha empresa precisa saber disso. Quaisquer descontos, promessas, preocupações ou possíveis problemas precisam ser comunicados ao novo responsável, para que o relacionamento seja bem-sucedido. Por fim, grandes vendas resultam de um bom atendimento ao cliente, que começa quando as expectativas são evidentes.

Anotamos informações detalhadas no que chamamos de relatório de contato do cliente. Tais informações sobre interações, detalhes pessoais e qualquer impasse encontrado podem ser indispensáveis para a retenção de clientes.

Informe o membro de sua equipe sobre o cliente. Inclua o máximo possível de detalhes: A história de Ryan e Thad mostra o quanto agentes secretos se esforçam para realmente conhecer um alvo. Faço questão de nunca parar de desenvolver um relacionamento com meus clientes. Sempre desejo saber o que querem, o que acham que precisam e, geralmente, como são suas vidas. Obviamente, é provável que uma mãe que tem quatro filhos se interesse por produtos diferentes de um jovem estudante. Assim como Ryan continuou a aprender sobre Thad, sempre tento compreender a motivação de alguém. Atualizar-se sobre como um cliente é como pessoa se trata de ser alguém melhor e estar apto para atendê-lo bem. Como no mundo da CIA, quanto mais informações tiver, mais fácil será executar uma operação.

Registre dados para fornecer a melhor experiência do cliente: Embora tenha sorte de trabalhar com uma equipe fantástica na qual confio cegamente, me certifico de manter registros detalhados não apenas sobre o que os clientes compram e quando, mas sobre o que acontece com eles. Se alguém teve um bebê ou foi transferido para uma nova empresa, queremos saber imediatamente para que possamos continuar a atender às suas necessidades da melhor forma possível. Sempre que um agente secreto como Ryan se encontra com um alvo, ele preenche um relatório de contato. Usamos o mesmo sistema em meu escritório. Toda vez que um contato é realizado entre um cliente e o suporte ao cliente, um relatório é preenchido para que todos da empresa possam acessar as informações. É claro que não queremos bisbilhotar e obter informações pessoais, mas quando sabemos que "Thomas Smith adora golfe e joga várias partidas durante o ano", registraremos isso. Na próxima vez que conversarmos com Tom, perguntaremos sobre sua última viagem para jogar golfe. É uma estratégia incrivelmente fácil e faz com que os clientes se sintam valorizados. A seguir, há um exemplo de relatório de contato, adaptado às necessidades da minha empresa. Embora as informações sejam específicas para mim e meu negócio, você pode adaptá-las...

[SOMENTE PARA VOCÊ]
RELATÓRIO DE CONTATO

DATA, LOCAL E HORÁRIO DE CONTATO: 15 de julho de 2017, Convenção Anual de Sobrevivência, 20h.

PARTICIPANTES: Lisa, da equipe da Spy Escape & Evasion, e Thomas Smith.

Thomas está extremamente satisfeito com o nível do serviço. Enviamos canetas táticas gratuitas com seu último pedido e ele as distribuiu aos funcionários. Ele está interessado em marcar um treinamento interno com Jason. Também mencionei que temos o Curso Avançado de Agente Secreto em maio. Thomas está planejando sua grande viagem dos sonhos para jogar golfe na Escócia, no seu 50º aniversário em outubro.

FOLLOW-UP: E-mail enviado em 16 de julho de 2017, com informações sobre agendamento de palestras e o Curso Avançado de Agente Secreto.

DATA, LOCAL E HORÁRIO DE CONTATO: 29 de julho de 2017, telefonema, 20h.

PARTICIPANTES: Lisa da equipe da Spy Escape & Evasion e Thomas Smith.

Thomas marcou o treinamento interno. Ele tem algumas perguntas sobre o Curso Avançado de Agente Secreto. Coletei informações de logística para o treinamento. Desejei o melhor para ele em sua próxima viagem.

FOLLOW-UP: Enviei um e-mail a Jason Hanson com perguntas para que eu possa dar respostas mais detalhadas. Criei um lembrete para enviar um cartão de aniversário em nome da empresa.

DATA, LOCAL E HORÁRIO DE CONTATO: 12 de setembro de 2017, telefonema, 20h.

PARTICIPANTES: Lisa, da equipe da Spy Escape & Evasion, e Thomas Smith.

Telefonei para conferir como foi a viagem e finalizar a logística para o treinamento interno. A viagem foi excelente, e Thomas planeja viajar para jogar golfe nas Bahamas no Natal. Indaguei se ele tinha mais perguntas sobre o Curso Avançado de Agente Secreto. Ele disse que estava curioso sobre os melhores hotéis e restaurantes. Acho que ele se inscreverá!

FOLLOW-UP: Enviei a Thomas informações sobre boas ofertas de hotéis em Las Vegas. Pedi a Jason para enviar um e-mail pessoal dizendo que adoraria ver Thomas no Curso Avançado de Agente Secreto e lembrá-lo de que há apenas cinco vagas disponíveis!

Segunda Etapa:
Prepare Seu Cliente para a Transferência

Quando decido transferir um cliente para um dos membros da minha equipe, não tenho dúvidas de que ele receberá um serviço excelente. Nosso lema número um é: "Trate os clientes como família." Isso significa basicamente que, enquanto eu recuo, outro membro da família avança. Não interrompo todo o contato com o cliente e deixo o membro da minha equipe assumir. Sei que tenho uma equipe incrivelmente capaz, mas reconheço que não preparar o cliente para a transferência pode prejudicar o relacionamento. Isso dificulta a situação para o cliente e o membro da equipe. Para garantir que os clientes se sintam bem e estejam em boas mãos:

Faça uma Introdução

Antes ou durante a transferência, entro em contato com o cliente e informo o quanto eu o valorizo. Se decidi que Lisa é a melhor opção para ele, direi que estou empolgado por eles se conectarem e com certeza darei algumas informações sobre o motivo para achar que Lisa será ótima. Falarei sobre como os pontos fortes e as qualidades únicas de Lisa serão vantajosas. Quero deixar claro que fiz uma combinação deliberada, e não que estou apenas transferindo o cliente para quem estava disponível. Também me certifico de conectar o cliente diretamente a Lisa. Dependendo da natureza da empresa ou da situação financeira, você precisará decidir se será feito por e-mail, telefone ou pessoalmente.

Contate e Verifique

Sei que não preciso fiscalizar meus funcionários (eles sempre superam minhas expectativas), mas isso não significa que não contato grandes clientes de vez em quando. Contate regularmente para verificar e reiterar que valoriza seus clientes e espera que estejam bem. É uma forma eficaz de fazê-los sentir que você se importa. Essa é uma circunstância em que os relatórios de contato também são extremamente úteis. O exemplo apresentado anteriormente me permitiu saber que Thomas retornara de sua viagem à Escócia para jogar golfe, o que significava que eu poderia perguntar a ele como foi e tinha uma informação útil para estabelecer uma ligação. Esses pequenos, mas sinceros, toques pessoais geralmente se perdem ao longo do caminho, sobretudo com tanto comércio realizado na internet. Não subestime o impacto do toque pessoal e humano em seu atendimento ao cliente.

O TÉRMINO: A HISTÓRIA DE PETER

A história a seguir, sobre Magda e Peter, demonstra o que acontece quando uma relação no mundo da CIA não dá certo.

"Magda" era inteligente, mas acabou por se revelar também uma pessoa muito perigosa. Encontrei-a em uma conhecida casa de chá em um bairro onde moravam muitos pesquisadores e professores da Universidade XXXX XXXXXX. Era um bairro bem planejado, com belos edifícios antigos enfeitando as ruas. Magda nasceu no Oriente Médio, mas se formou nos EUA, no MIT. O histórico fornecido pelo meu analista sugeria que seu conhecimento único em XXXX XXXXXXX poderia ser essencial para a evolução de armas biológicas. Entrei em contato com ela após minuciosa observação e iniciei o ciclo de desenvolvimento. Apresentei-me de forma cordial em uma festa do corpo docente e marquei nosso primeiro encontro. Tudo correu bem e era evidente que ela seria um ótimo ativo para o Governo dos EUA. Encontrei-me com Magda em vários cafés e restaurantes pela cidade por muitos meses. Ela compartilhava de nossa grande preocupação de que seu conhecimento sobre XXXX XXXXXXX pudesse machucar pessoas inocentes em um ataque terrorista. Ela se sentia confortável com a ideia de que suas informações estariam mais seguras com os EUA.

Combinamos de nos encontrar em um museu perto de seu escritório em um horário específico, mas ela não apareceu. Também não enviou um de nossos sinais predeterminados para me informar de que algo havia acontecido. Minha primeira reação foi me preocupar. Havia executado cuidadosamente uma rota de detecção de vigilância e tinha certeza de que ninguém me seguia. Mas Magda foi cuidadosa? Após me certificar de que ninguém me observava, voltei para casa e usei nosso sinal para contatá-la. Ela respondeu imediatamente. Quando perguntei onde estava, ela gaguejou e inventou uma desculpa ao dizer que estava ocupada. Eu lhe passei um código, "estabilidade", que ela poderia dizer caso estivesse aprisionada. Ela não usou o código e parecia que realmente havia esquecido ou não queria me encontrar. Isso me fez questionar se ela era realmente dedicada à nossa causa. Deixei claro que precisava vê-la na manhã seguinte e marquei um horário e local de encontro.

Quando Magda chegou, ela parecia agitada. Perguntei-lhe se estava preocupada com sua estabilidade no cargo, que era o código para "alguém está ameaçando você?". Ela disse que não estava preocupada. Apenas ocupada. Ela tomou o café às pressas e disse que precisava ir. Fiquei um pouco desapontado. Por alguma razão, Magda tinha dúvidas sobre o que estava fazendo. Não estava totalmente comprometida, e um ativo indeciso é um risco enorme.

Fui para casa e depois marquei outro encontro com Magda. Pude perceber pelo tom de sua voz que ela estava relutante em aceitar. Eu disse que era muito importante. Quando ela chegou, recostei-me na cadeira e pareci sério, e ela percebeu. "Qual é o problema?", perguntou. Inclinei-me para a frente e gentilmente expliquei que seus serviços não eram mais necessários. Sua expressão era de medo. "Fiz alguma coisa errada?"

Olhei para ela e, com um sincero meio sorriso, disse: "Magda, não precisa se preocupar. Agradeço, mas seus serviços não são mais necessários." Deixei dinheiro na mesa e saí do restaurante. Estava triste por perder Magda, mas um ativo que não se dedica à missão é simplesmente muito arriscado. Eu teria que encontrar um novo alvo.

O CLIENTE NEM SEMPRE TEM RAZÃO:
Aprenda a Eliminar Prejuízos Rapidamente para Economizar Tempo e Dinheiro

Assim que Peter sentiu que Magda talvez não estivesse totalmente comprometida com o trabalho de colaboração, ele não teve escolha a não ser dispensá-la. Agora já se sabe que o processo de desenvolvimento leva muito tempo, portanto a falha em recrutá-la foi um grande retrocesso. Mas é inviável correr o risco de trabalhar com um agente que não se dedica totalmente, pois há grande perigo de que ele seja manipulado por pessoas ou agências de outros países. É por isso que a relação com um ativo que não segue as regras será terminada imediatamente. Não há segunda chance.

Certamente, não estou sugerindo que não haja segundas chances no local de trabalho (todo mundo comete erros), mas estou tentando mostrar como é importante economizar tempo e energia preciosos se um cliente não for respeitoso e favorável à sua missão. Perdi as contas de quantas vezes um amigo me contou sobre um cliente ruim — alguém abusivo, que grita, faz exigências ultrajantes e nunca fica satisfeito. Depois, escuto sobre como as pessoas se desdobram para deixá-lo feliz. Elas o tranquilizam por alguns dias ou talvez uma semana, então o ciclo recomeça. Na minha opinião, o cliente *nem sempre tem razão*. Esse é o maior mito nos negócios. Se alguém é difícil e abusivo com sua equipe e causa um drama constante, deve ser dispensado imediatamente. Na CIA, uma pessoa desagradável é removida imediatamente, e sigo a mesma filosofia em meu próprio negócio. Um cliente muito difícil não vale nada. Um cliente terrível infectará sua equipe e sua moral como um câncer.

Se observar os recursos e a energia que essa pessoa consome, verá que, provavelmente, ela não vale a pena. Tempo, energia e até mesmo a felicidade pessoal são seus bens mais valiosos e devem ser direcionados para encontrar novos clientes que tenham um comportamento aceitável.

RECONHEÇA SEU VALOR
(E AJA DE ACORDO COM ELE SEM HESITAR)

Lembro-me do início da minha empresa, quando havia acabado de deixar um emprego estável na CIA, com um salário fixo e grandes benefícios. Todos os empreendedores sabem como é construir algo do zero — é emocionante, mas também aterrorizante quando você percebe que não sabe quando receberá seu próximo salário (ou se algum dia o receberá). Se deixar que o medo do desconhecido o guie em seu processo de tomada de decisão, fará escolhas com base no dinheiro. Essa abordagem geralmente resulta em contratar um cliente que você sabe que será difícil ou deixar um cliente maltratar sua equipe porque ele está "pagando muito dinheiro".

Quando se entra para a CIA, é preciso fazer um juramento. Quando a semana de iniciação termina e todos os recrutas passaram uma semana inteira juntos, somos levados à sede da CIA em Langley, Virgínia, onde devemos declarar:

> "Eu, [nome], juro solenemente (ou declaro) que apoiarei e defenderei a Constituição dos EUA contra todos os inimigos, internos ou externos; que a ela terei verdadeira fé e lealdade; que aceito essa obrigação voluntariamente, sem qualquer reserva mental ou intenção de não cumprimento; e que realizarei com zelo e dedicação os deveres do cargo que assumirei. Que Deus me ajude."

Assim como todos os meus irmãos e minhas irmãs na CIA, levei meu juramento muito a sério. Orgulhava-me de defender os EUA contra seus inimigos, incondicionalmente. Decidi que, quando eu abrisse minha própria empresa, definiria meus valores e crenças centrais, faria um pacto comigo e com todos os membros da minha equipe para acompanhá-los de perto. Tenho uma cópia emoldurada das crenças centrais da minha empresa em meu escritório como um lembrete do que defendo. Está escrito:

Missão da empresa de sobrevivência que administro:

Preparar e capacitar todo norte-americano para proteger sua família, defender sua liberdade e confiar em Deus.

Nossos valores:

> Tratar cada cliente como se fosse um membro da família.

> Sempre fazer o certo, independentemente do que os outros digam ou pensem.

> Ter honestidade e integridade em todas as negociações.

> Santificar o sábado e não trabalhar aos domingos.

> Nunca utilizar palavrões ou linguagem depreciativa.

> Ser engenhoso, nunca desistir e finalizar o trabalho, custe o que custar.

> Trabalhar arduamente e se empenhar pela grandeza.

> Nunca parar de aprender como manter as pessoas mais seguras.

> Ser grato pela liberdade, o motivo pelo qual apoiamos a Segunda Emenda.

Agentes secretos se arriscam diariamente para nos proteger; eles mantêm seu voto de proteger os EUA e o levam a sério. Sinto que é igualmente importante que eu respeite meus próprios valores e crenças centrais quando se trata dos negócios.

Minha dedicação aos nossos valores centrais foi testada há pouco tempo. Um cliente se inscreveu em um de nossos cursos avançados, que tem um preço mais elevado do que outros. Ele decidiu assistir às aulas depois de gastar bastante dinheiro comprando vários itens de sobrevivência em nosso site. É claro que ficamos satisfeitos quando ele se matriculou, mas a situação se complicou. Ele começou a fazer demandas excessivas, gritava com a minha equipe e ficava irado se seus e-mails não fossem respondidos em minutos. Em suma, ele se mostrou um indivíduo difícil e desagradável. Sem hesitar, enviei um e-mail a ele e agradeci seu interesse, mas expliquei calmamente que, devido ao seu comportamento, ele não era mais bem-vindo na aula. Também reembolsei sua taxa de vários milhares de dólares. Ele ficou muito surpreso. Mas, ao olhar por cima do computador e ver meus valores pendurados na parede, sabia que havia feito o certo para minha empresa e minha equipe.

[DICA DE AGENTE SECRETO]

ADMITA SEUS ERROS

Quando algo dá errado em uma operação, o agente secreto encarregado assume total responsabilidade, independentemente do que aconteceu ou de quem é a culpa. Se um cliente está chateado porque minha equipe errou um pedido ou cometeu um erro, assumo a culpa. Admito o erro e faço tudo o que está ao meu alcance para satisfazer esse cliente e corrigir a situação.

Embora me sinta honrado em compartilhar o que aprendi sobre negócios em meu treinamento da CIA, não posso lhe dizer o que é certo e errado. Isso é pessoal, é sua escolha. Mas direi que ter uma política de tolerância zero em relação a clientes difíceis me permitiu manter os funcionários de alta qualidade na equipe; isso praticamente eliminou a negatividade do ambiente de trabalho e concedeu tempo para buscarmos mais oportunidades proveitosas. Qualquer que seja seu sistema de crenças e sua posição no processo de construção da empresa, recomendo reservar tempo para apresentar uma declaração de missão e valores centrais. Não precisa ter um milhão de páginas e pode evoluir à medida que sua empresa cresce, mas é extremamente útil ter princípios aos quais recorrer. Quando criei a declaração de missão e os valores centrais da Spy Escape & Evasion, reservei um tempo para refletir sobre as seguintes perguntas:

> Como podemos servir as pessoas melhor do que qualquer outra no setor?

> Qual é nosso objetivo final?

> Como o atingiremos?

> Qual é o valor que queremos levar aos nossos clientes?

> O que consideramos inaceitável?

Desde o dia em que escrevi as respostas para essas perguntas, não tive mais que me questionar. Nunca me pergunto se recusar um cliente rude é o certo a fazer; sei que mantê-lo não é algo aceitável para mim. Dedicar tempo a realizar esse exercício simples provavelmente me economizou inúmeras horas que dedicaria a lidar com pessoas desagradáveis e funcionários zangados com razão.

COMO TERMINAR UMA RELAÇÃO DE MANEIRA CORRETA (E SEGURA)

Ser um ex-policial e agente secreto me ensinou algumas lições importantes sobre como lidar com pessoas difíceis ou irracionais. É provável que muitos clientes com comportamento inaceitável sejam inofensivos, mas minha abordagem é tratar cada caso com cautela e calma. Quando determino que terminarei a relação com um cliente, sigo as seguintes etapas:

Primeiro Passo: Designar

Designe uma pessoa para executar o término. Na Spy Escape & Evasion, sou o único que pode terminar a relação com um cliente. Dependendo do tamanho e do escopo de sua empresa, descubra quem tem autoridade, experiência e conduta adequada para realizar a tarefa com profissionalismo e cuidado.

Segundo Passo: Ser Calmo e Rápido

Sempre mantenha a calma, mesmo que o cliente grite. Sei por experiência que pode ser difícil, mas você não quer intensificar ainda mais a raiva dele. Não é necessário ficar uma hora ao telefone detalhando o que o cliente fez para causar o término da relação. Ademais, sempre devolva seu dinheiro.

Terceiro Passo: Ser Profissional e Claro

Não se preocupe em falar sobre o que o cliente causou à sua equipe ou que o término da relação é culpa dele. Alguém irracional simplesmente não entenderá sua responsabilidade na situação. Informe claramente que a pessoa não é mais bem-vinda para fazer negócios com sua empresa.

Quarto Passo: Ser Firme

Às vezes, as pessoas se desculpam e juram que vão mudar e que realmente querem continuar colaborando. Seja firme. Ela já consumiu muito do seu valioso tempo e energia.

Quinto Passo: Não Se Envolver

Se a pessoa enviar um pedido de desculpas, uma ofensa ou tentar entrar em contato com sua empresa de algum modo, não se envolva com ela. É para sua própria segurança e a de seus funcionários. Se alguém tenta causar problemas ou está com raiva, a interação apenas o estimulará. Assim como se deve evitar um perseguidor, nunca se envolva com um cliente irracional.

NÃO PERMITA QUE 20% DOS CLIENTES CAUSEM 80% DO SOFRIMENTO

Embora agradeça todos os dias por ter me arriscado e iniciado meu próprio negócio, confesso que é uma das coisas mais difíceis que já fiz na vida. Administrar sua própria empresa é cruel e, esperando ou não, sempre há algo a fazer. Por isso acredito que é tão importante despender tempo para pensar em seus valores centrais e prometer que os seguirá. Nunca esqueci o juramento que fiz como agente secreto em prol dos EUA. Como empreendedor e empregador, por mim e pelos membros da minha equipe, é meu dever seguir as palavras penduradas na minha parede. Para simplificar, não permitirei que algumas maçãs podres estraguem o aspecto positivo que temos na Spy Escape & Evasion. Na próxima vez que você receber um e-mail ou um telefonema de um cliente desagradável que sempre causa problemas, considere se vale ou não a pena se envolver com ele. Ser empreendedor já é bastante difícil; não tenha medo de dispensar clientes problemáticos para que, assim, você possa voltar a fazer o bom trabalho que realmente deseja.

[MITOS DE AGENTE SECRETO DESVENDADOS]

SER UM AGENTE SECRETO TEM TUDO A VER COM AÇÃO ININTERRUPTA. CADA DIA PODE SER UMA SURPRESA: DE PERSEGUIÇÃO EM ALTA VELOCIDADE A TIROTEIO.

Falso!

Relembre a história de Ryan e Thad. Os momentos mais emocionantes foram quando Thad recebeu um livro ou uma peça rara para seu relógio. Ser um agente da CIA não é extremamente dramático, e provavelmente será muito decepcionante se esperar um tiroteio ou uma perseguição de carro. Como Ryan fazia seu trabalho corretamente, não havia drama — nem armas em punho, saltos de prédios ou fugas em barcos.

Se Hollywood fizesse um filme sobre como ser agente secreto no dia a dia, ninguém gostaria de assistir-lhe. Ser um agente da CIA envolve pesquisas incrivelmente detalhadas, e isso pode levar muito tempo. É preciso também "espreitar" muito, ou seja, acompanhar uma pessoa para aprender seus hábitos e padrões de comportamento. Os estágios de planejamento de uma operação podem levar meses ou até anos, e isso é muito tempo sentado à mesa. A verdade é que, se um agente secreto entrar em uma briga, tiver que puxar uma arma ou participar de uma perseguição em alta velocidade, realmente significa que cometeu um erro e se meteu em uma situação terrível. Uma boa espionagem consiste em não chamar atenção para si mesmo.

CAPÍTULO 7

MONTANDO O QUEBRA-CABEÇA

Como Apliquei o Ciclo IADR para Criar Campanhas de Marketing Milionárias

TÉCNICAS DE ESPIONAGEM EM AÇÃO

Desde que fundei minha própria empresa, ganhei milhões de dólares com a venda de equipamentos de sobrevivência e segurança, livros e cursos online, além de sessões de treinamento, palestras e, curiosamente, uma apresentação em Las Vegas (em um milhão de anos, nunca imaginaria algo assim). Não compartilho isso para me gabar, mas porque quero que saiba que absolutamente qualquer um pode ter o sucesso que tive. Até agora, você deve ter entendido bem como as várias etapas do ciclo IADR propiciam o modelo perfeito para encontrar o cliente ideal, descobrir o que ele *realmente* quer e convencê-lo de que você é a pessoa ideal para fornecer o produto ou o serviço.

Quando fundei a Spy Escape & Evasion, não tinha nenhum investidor ou funcionário generoso para me ajudar, nem possuía experiência em administração para iniciar as atividades com excelência. No começo, o que eu *fazia* era trabalhar fora de casa 24 horas por dia, sete dias por semana. Tinha um serviço fantástico para oferecer, mas não tinha um único cliente. Onde eu os encontraria? Assim que conseguisse, quanto tempo levaria para transformá-los em uma base sólida de clientes recorrentes? Sabia que meu negócio poderia ser um sucesso se pudesse apenas me conectar com pessoas afins que valorizariam meu conhecimento.

Desde criança, sempre amei estar ao ar livre. Gostava de fazer trilhas e acampar, e até me tornei escoteiro. Também sou um ávido atirador e amante de armas. Conhecia bem as táticas de sobrevivência e acreditava que as pessoas me veriam como uma fonte confiável. Como o único dinheiro inicial que tinha era meu, não queria gastar uma fortuna em um anúncio de jornal ou um comercial. Em vez disso, decidi ver meu novo negócio como uma operação importante (e, convenhamos, não poderia ser diferente, se é o seu sustento). Procuraria clientes da mesma maneira como buscava um ativo que compartilhasse informações valiosas com os EUA. Em outras palavras, começaria com a identificação.

PERMITA QUE SEUS INTERESSES E PAIXÕES O CONDUZAM À SUA BASE DE CLIENTES

Era lógico permitir que meus hobbies e interesses me direcionassem para onde eu provavelmente encontraria pessoas afins. Adorava aprender mais sobre técnicas de sobrevivência, segurança e armas, e as chances eram de que meus clientes também. Fiz uma lista de todas as exposições de armas, apresentações ao ar livre e todos os eventos de sobrevivência que ocorrem nos EUA. Anotei todos eles no meu calendário e fiz questão de comparecer em todos — **identificar** quem estava lá e o que faziam. Um dia, andava por um evento de sobrevivência, passando por enormes multidões de pessoas, todas olhando as melhores e mais recentes evoluções em equipamentos de sobrevivência, quando percebi que era uma oportunidade fantástica. Quase todos nesse grande evento poderiam ser meu próximo melhor cliente. Mas como transformar essas pessoas de entusiastas da sobrevivência em clientes pagantes? Precisava descobrir o que realmente queriam. O que poderia fazer para que todos começassem a comprar de mim? Qual aspecto faltava que eu poderia suprir? O que poderia fazer melhor? Teria que investigar mais. Obviamente, procurar clientes não exige as mesmas qualidades furtivas de James Bond ou as habilidades dedutivas de Sherlock Holmes, mas realmente queria maximizar essa oportunidade. Teria que usar meu treinamento da CIA para **avaliar** a situação. Atentei-me ao seguinte:

Segmentação demográfica: Evidenciou-se de imediato que a maioria dos participantes era de homens com mais de 60 anos. Apenas cerca de 30% eram mulheres. Não tinha necessidade de ser tão objetivo em relação a isso, só precisava ter uma ideia de quem participava desses eventos. Quando identificar um local possivelmente frequentado por seus clientes, tenha uma noção geral da demografia.

Objetivo: Conversei com o máximo possível de pessoas para entender o que as atraiu ao evento, sendo o principal motivo a profunda crença na autossuficiência. Elas valorizavam muito a liberdade e apoiavam a Segunda Emenda. Os homens queriam ter as melhores habilidades e recursos quando se tratava de proteger suas famílias. Muitas das mulheres moravam sozinhas e queriam garantir sua própria segurança.

A grande pergunta: Para tirar o máximo proveito dessa oportunidade, perguntei às pessoas: "Qual é a principal coisa em que poderia ajudá-lo agora?" Fazer essa pergunta subjetiva a várias pessoas me deu muitas informações com as quais trabalhar. As três principais respostas foram: (1) Como proteger a família de uma invasão doméstica. (2) Golpes de autodefesa, caso um delinquente ataque em um estacionamento. (3) Equipamento de sobrevivência para ter em casa e no carro. As pessoas estavam basicamente me revelando seus maiores receios e desejos. Consegui reunir tanta informação com essa pergunta que acabei usando-a para coletar mais informações quando iniciei meu funil de marketing milionário na internet (falarei mais sobre isso posteriormente).

Analise o cenário: Prestei atenção às outras empresas presentes. Queria conferir minha competição. Que tipos de serviços elas ofereciam? Que tipos de produtos promoviam? Havia amostras? Como comercializavam seus produtos? De que modo minhas ofertas eram diferentes ou exclusivas? Minha empresa poderia se destacar? As pessoas se interessavam por quais delas?

COMO USAR AS INFORMAÇÕES COLETADAS PARA VENDER MILHÕES EM PRODUTOS E/OU SERVIÇOS: UM GUIA PASSO A PASSO

Munido de informações sobre quem era meu cliente ideal, comecei a **desenvolver** meu relacionamento com pessoas que se preocupavam com segurança e sobrevivência. Queria ser o primeiro a ser lembrado ao pensarem sobre o assunto, desde filtragem de água em caso de emergência a técnicas de direção evasiva. Queria ser referência de segurança e sobrevivência. Como você já sabe, desenvolvimento é uma forma de arte que requer sutileza e paciência. Não estragaria minhas chances ao bombardear as pessoas com informações sobre tudo o que sei. Isso seria irritante (ninguém gosta de um e-mail exagerado ou spam), difícil de executar e, por fim, sem sentido. Desenvolver um relacionamento, mesmo que comercial, diz respeito à conexão pessoal. Queria que cada contato da minha lista de e-mails sentisse que eu me referia diretamente a seus piores medos ou maiores desejos. Queria que pais preocupados com a segurança e a autoproteção de suas filhas nos campi de faculdades sentissem que eu abordava pessoalmente seus receios. Queria que as mulheres sentissem que eu entendia seu medo de se protegerem ao voltar para casa sozinhas à noite. Meu objetivo sempre foi fornecer informações úteis que possam salvar uma vida, e descobri que é possível ganhar muito dinheiro fazendo exatamente isso.

Primeiro Passo: Crie um Site como Base de Vendas para Seu Produto ou Serviço

Um aspecto fantástico de ser empreendedor atualmente é que não é necessário desembolsar uma quantia considerável em aluguel para uma loja ou um escritório. Você pode ganhar milhões em um site que funcione bem. Independentemente do que vende — tacos, passeios com cães, aulas particulares ou canoas artesanais —, é preciso criar uma oferta irresistível. Qualquer que seja o caminho que decida seguir para criar seu site, quando ele estiver pronto, a primeira coisa a fazer é dar algo de graça. Sim, isso mesmo. Você dará um item de qualidade gratuitamente. "Grátis" não significa que você não ganhará dinheiro. Se seguir meus conselhos, ganhará mais dinheiro do que jamais imaginou ser possível.

Você provavelmente está se perguntando onde consegui uma lista de contatos de e-mail. Bem, o bom da era da internet é que, quando se sabe quem são seus clientes, é possível comprar e alugar listas de e-mail de quase todos os grupos. Por exemplo, eu não apenas sabia que 70% de meus clientes eram homens com mais de 60 anos, como também que eram conservadores, assistiam à Fox News e ouviam personalidades como Glenn Beck e Rush Limbaugh. Então, aluguei várias listas de e-mail de pessoas conservadoras, incluindo as que se interessavam por armas (existem "corretores de listas" para praticamente todos os segmentos, basta encontrar um e informar o tipo de cliente que deseja encontrar).

Se está se perguntando como alugar sua própria lista de e-mails sem se indispor com seus clientes, posso lhe dizer exatamente como fazê-lo. Primeiro, lembre-se de que a pessoa que "aluga" sua lista não recebe nomes ou endereços de e-mail reais. Ela recebe um acesso único, prepara o e-mail que deseja que sua lista receba, e sua empresa é que o envia de fato aos contatos. Isso é importante por alguns motivos: primeiro, você não compartilha nomes ou endereços de e-mail de seus clientes, pois isso é violação da confiança. Segundo, verifico cuidadosamente a empresa que deseja acessar minha lista e testo qualquer produto ou serviço que esteja oferecendo. Certifico-me pessoalmente de que o produto ou o serviço seja algo pelo qual me interessaria. Fico longe de esquemas de enriquecimento rápido ou empresas que não agem profissionalmente. No final, esse processo trouxe à minha lista de clientes produtos e serviços que atualmente não ofereço. É uma vantagem mútua.

TESTE DE DIVISÃO FÁCIL E RÁPIDO

O teste de divisão, também conhecido como teste A/B, é apenas uma maneira de os profissionais de marketing testarem duas versões diferentes de algo, com o objetivo de averiguar qual delas tem mais impacto. Na Spy Escape & Evasion, realizamos testes de divisão para tudo: headlines, formulários de pedidos, preços, fotos etc. Não é necessário realizar estudos elaborados ou usar uma amostra significativa para que essa técnica seja útil. Crie headlines diferentes, observe qual tem melhor desempenho, então... *tente compreender o motivo*. Com o tempo, você aprenderá a aperfeiçoar suas headlines e copys para obter o máximo de resultados imediatamente. Eu era um dos copywriters mais bem pagos do mundo (quando escrevia copys para diversas empresas) e tive a sorte de escrever para a Agora, Inc., entre outras.

Segundo Passo: Escolha Algo para Dar de Graça

Quem não gosta de receber coisas de graça? Os brindes sugerem que sua empresa é generosa e que você acredita tanto em seu produto que deseja compartilhá-lo com o mundo. Dei cópias de meus livros, treinamento em vídeo, lanternas, canetas táticas e kits de sobrevivência. Todos esses itens são de alta qualidade, e um bom exemplo dos produtos e serviços que minha empresa oferece. Tudo o que cobro é um pequeno valor de frete para cobrir os custos de entrega, uma vez que os Correios não me oferecem postagem gratuita. O frete de um livro de capa dura que normalmente é vendido por US$27,95 custa US$5,95, um valor ínfimo para o cliente. Pode parecer ilógico, mas dar coisas de graça proporcionou à Spy Escape & Evasion uma renda adicional tão significativa que integramos os brindes à nossa prática regular de vendas. As consequências dessa estratégia são:

Pessoas comentam: Nossa lanterna de agente secreto é muito compacta. É uma minilanterna que funciona a pilha. É tão pequena que cabe na bolsa e não ocupa mais espaço do que um batom. Mas é poderosa o suficiente para nunca deixá-lo no escuro. Sempre que tiro a minha do bolso (cabe tranquilamente), alguém sempre diz: "Que legal, onde comprou?" E a pessoa fica feliz quando digo que é de graça. Dar nossas lanternas de agente secreto como brinde fez com que muitos ouvissem falar da minha empresa pela primeira vez. Essa estratégia traz notoriedade e estimula o boca a boca — ótimas formas de publicidade para sua empresa.

Itens gratuitos atraem pessoas: Um brinde pode ser o impulso final para alguém comprar de você. Se a pessoa considera comprar um kit de sobrevivência e mais alguns equipamentos essenciais, mas tem adiado a compra por uma razão qualquer, o brinde pode ser o estímulo para que ela visite nosso site e dê uma olhada. Um item gratuito é uma maneira extremamente fácil de incentivar clientes a visitarem seu site.

Sua empresa adquire boa reputação: Clientes que compram de nós há algum tempo provavelmente receberam muitos itens gratuitos de qualidade. Quando comparam minha empresa com as outras que vendem produtos similares, se lembram desses toques pessoais em forma de pequenos presentes. Assim como o ciclo IADR, essa estratégia causa um sentimento de reciprocidade, e é mais provável que continuem comprando de nós.

Você leva as pessoas a testarem seus produtos: Mesmo que a pessoa não tenha intenção de comprar, ainda assim usará um de nossos produtos. Ela terá a oportunidade de constatar que procuramos e vendemos os melhores e mais úteis produtos de sobrevivência. Ao perceber a qualidade dos itens vendidos, essa pessoa provavelmente pensará na empresa quando precisar comprar algo.

Terceiro Passo:
Recrute Clientes ao Criar uma Oferta Irresistível

Na Spy Escape & Evasion, damos muitos brindes. Certamente não sou a única empresa que oferece algo de graça como incentivo. Muitas fazem isso porque sabem que funciona. Há inúmeros produtos e serviços para testar de graça, desde rádio via satélite e streaming de vídeo a kits para o preparo de refeição e clubes de assinatura de roupas.

Quando damos brindes, colocamos a oferta na primeira página de nosso site, em letras garrafais. Isso pode parecer óbvio, mas sempre me surpreendo com o tanto de empresas que fazem as pessoas procurarem pelos brindes em seus sites. Se um cliente não consegue encontrá-lo, a estratégia é inútil. Também colocamos um vídeo rápido, mas interessante, que é reproduzido quando alguém visita a página. Se o cliente não sabia que estávamos dando um livro ou uma lanterna de graça, acredite, ele ficará sabendo. A tecnologia atual facilita muito a criação de um vídeo curto, mas impactante. Sempre lembro que meu treinamento da CIA me ensinou que as pessoas absorvem informações de maneiras diferentes. Textos atraem algumas, mas outras são mais propensas a reagir a vídeos.

Destaque um Depoimento Significativo

Obtenha depoimentos de pessoas comuns que descrevam a qualidade de seu trabalho.

Quando comecei, peguei depoimentos de pessoas que, na minha opinião, outros interessados no nicho de sobrevivência admirariam, como fuzileiros navais e franco-atiradores do exército.

> *"Como alguém que trabalhou nas operações com a CIA, posso afirmar que Jason e sua equipe são pra valer."*

> — Cade Courtley, ex-fuzileiro naval

> *"Jason Hanson é um poderoso defensor e praticante da defesa pessoal, cujos equipamentos e técnicas são projetados para proteger você e sua família."*

> — Peter Earnest, diretor do Museu Internacional da Espionagem e ex-agente de serviço clandestino da CIA

> *"É uma rara chance de aprender com os melhores agentes da CIA como sobreviver nesse mundo louco."*
>
> — Alain Burrese, ex-franco-atirador do Exército

> *"Jason Hanson entende de espionagem mais do que qualquer um."*
>
> — Rorke Denver, ex-fuzileiro naval

Se você possui um food truck de tacos, peça aos pais da sua região que escrevam um comentário significativo, como: "Esses tacos são tão bons que meus filhos sempre querem para o jantar." Nunca subestime o poder do depoimento de um cliente. Se seus clientes divulgam o seu negócio, as pessoas ouvirão. Assim como credibilidade, confiança é algo que uma empresa adquire. Ter um testemunho de alguém é como fazer uma "apresentação cordial" no mundo da CIA. Outra pessoa atesta seus serviços incríveis, e isso é o suficiente para motivar alguém a verificar o que você tem a oferecer.

Inclua um Bônus

Antes de entrar em pânico com minha sugestão de oferecer outro item de graça, me escute. Na Spy Escape & Evasion, elaboramos webinars que contêm informações extremamente valiosas. Criar esse tipo de conteúdo adicional é divertido, fácil e pode realmente ajudá-lo a **recrutar** clientes recorrentes. Pense em algo que você possa oferecer que seja irresistível para o público-alvo. Se vende produtos para animais de estimação, considere criar um webinar sobre técnicas de treinamento de cães. Seja criativo, pense em algo que seu cliente achará prático ou útil. Mesmo que não venda um produto físico, ainda poderá oferecer algo fantástico que as pessoas desejarão. Se você é mecânico, disponibilize uma lista de itens a verificar para que o carro funcione sem problemas. Se é cabeleireiro, ofereça um curso gratuito sobre tranças. Ofereça uma consulta gratuita — qualquer coisa que possa despertar interesse em sua empresa.

Quarto Passo: Apresente os Itens de Upsell

Na página em que se clica COMPRE AGORA para reivindicar o brinde oferecido, explique que você está oferecendo um item de graça (lembre-se de listar o valor comum de varejo), mas que o cliente precisa pagar o frete e a embalagem.

As informações necessárias para o envio são o endereço e um número de cartão de crédito. Assim que a pessoa insere o número do cartão, ela deve ser imediatamente direcionada para um upsell, também conhecido como oferta única (OTO, na sigla em inglês). A OTO é a oportunidade de fazer uma ótima oferta de seus outros produtos e serviços. Você pode agrupar os itens para deixá-los mais atrativos. É possível oferecer um desconto em acessórios de beleza para animais de estimação ou uma sessão de treinamento. Novamente, é interessante apresentar um depoimento de por que seu serviço ou acessório é o melhor.

Em nosso funil de livros grátis, o primeiro upsell é para a Sharpshooter University, o principal destino para treinamento pessoal e online de armas de fogo e a única organização no mundo que oferece cursos gratuitos de armas ao vivo (valor de US$1.200). Os membros desse programa recebem vídeos mensais de treinamento, cursos de armas ao vivo, relatórios especiais, notificações semanais de informação, e nossa newsletter mensal impressa, chamada Spy & Survival Briefing, tem mais de 37 mil assinantes pagos (www.SharpshooterU.com — conteúdo em inglês). É minha missão fornecer informações úteis e valiosas que não se encontram em nenhum outro lugar. Vários membros me escreveram para compartilhar que as informações que aprenderam ao fazer parte do programa salvaram suas vidas.

A Sharpshooter University direciona os clientes a um segundo upsell — vídeos de treinamento que demonstram como executar todas as técnicas para salvar vidas provenientes do nosso evento ao vivo de dois dias, Spy Escape & Evasion. Explico que contratei uma equipe de filmagem profissional para gravar a sessão inteira, a solução perfeita para quem não pode participar do evento ao vivo (cujo valor é US$1.500, portanto os vídeos são uma opção mais acessível). O terceiro upsell é para a caneta tática, uma ferramenta de autodefesa fácil de usar e transportar que pode salvar sua vida. Nosso upsell final é o programa de treinamento em defesa doméstica, chamado Impenetrable Home Defense.

Se Você Oferece Upsells, Deve Ser o Melhor no Setor

Acredito que sei o que você está pensando, pois já devo ter escutado isto antes: por que tantos upsells? Isso não afastará o cliente? Conheci outros empresários que fazem marketing online e eles me disseram que não se sentem confortáveis em oferecer tantos upsells. Digo sempre a mesma coisa: se você oferece um produto ou um serviço de qualidade que ajuda muito as pessoas, deve divulgar isso publicamente. Deve acreditar, no fundo, que seu produto é tão importante que precisa colocá-lo nas mãos do máximo possível de pessoas. Tenho convicção de que eu e minha equipe de ex-agentes da CIA somos os melhores do ramo quando se trata de segurança, proteção e sobrevivência. Também temos nosso histórico para provar isso. Sei que quando alguém nos contrata para um trabalho de segurança ou compra um de nossos produtos, sem dúvida, fica mais seguro; o produto pode até salvar sua vida. Portanto, nunca considero inadequado oferecer vários upsells. Se você se sente mal com a venda de um serviço ou um item, então é melhor nem vendê-lo.

[DICA DE AGENTE SECRETO]

NÃO TENTE AGRADAR A GREGOS E TROIANOS

Sei que acabei de lhe dizer para desenvolver relacionamentos e, assim, adaptar reações apropriadas a pessoas diferentes. Isso é essencial, e mantenho meu conselho; no entanto, entenda que não é possível agradar a gregos e troianos. Sempre há pessoas que não querem o que você vende. Não perca tempo e energia valiosos tentando convencê-las a comprar um item ou um serviço pelo qual simplesmente não se interessaram (mesmo que saiba, no fundo, que pode ser o melhor para elas). Muito tempo gasto na tentativa de ampliar sua base de clientes pode acabar custando muito. Se você tem um negócio de nicho, não tenha medo de permanecer nele. Companheiros de *Shark Tank* tiveram grande sucesso com ideias de negócios altamente focadas. Por mais louco que pareça, as meias da Bombas, as esponjas da Scrub Daddy e até a Squatty Potty fazem grande sucesso.

RECRUTANDO CLIENTES PERMANENTES:
Seja uma Presença Contínua e Valorizada

Tenho orgulho de dizer que minha empresa de sobrevivência tem milhares de clientes recorrentes. Como mencionei anteriormente, minha newsletter Spy & Survival Briefing tem mais de 37 mil assinantes pagos. Aqueles que receberam um livro grátis ou uma caneta tática acabaram comprando lanternas de agente secreto ou kits de sobrevivência. As pessoas que fazem nosso curso introdutório de espionagem costumam participar da Ultimate Spy Week ou inscrever seus filhos antes da faculdade. Quem achou alguns de nossos itens valiosos e úteis, como o filtro de água de sobrevivência, acabou comprando-os para seus entes queridos. É evidente que um cliente recorrente é o tipo mais valioso para qualquer empresa. Clientes regulares se tornam recorrentes quando se continua a desenvolver o relacionamento. É óbvio que nem sempre você desenvolverá a relação com jantares absurdamente caros, como costumam fazer meus colegas da CIA em campo. Existem outras maneiras mais fáceis, menos caras e autênticas de continuar a desenvolver o relacionamento com o cliente.

MANTENHA CONTATO COM SEUS ATIVOS

Outros empreendedores me dizem o tempo todo que não gostam de enviar e-mails com frequência para seus seguidores e clientes. Eles temem que o contato constante seja irritante e acabem perdendo clientes. Não concordo com essa perspectiva. Preocupo-me com o que acontecerá se eu *não* mantiver contato com meus clientes, que são meus maiores ativos. Quero garantir que, quando houver uma necessidade de segurança ou sobrevivência, eles se lembrem de imediato da Spy Escape & Evasion como uma fonte confiável. Um agente da CIA em campo mantém contato constante com ativos, pois não deseja que eles compartilhem informações valiosas com outra pessoa; isso não pode acontecer. Esforçamo-nos para encontrar o equilíbrio adequado e garantir que fornecemos as comunicações apropriadas aos clientes. É preciso determinar a melhor frequência para sua empresa, mas, na Spy Escape & Evasion, seguimos o seguinte cronograma:

SPY ESCAPE & EVASION
CRONOGRAMA DE CONTEÚDO DE CLIENTES

Segunda-feira: Artigo de alta qualidade. Textos com cerca de quinhentas palavras sobre um assunto do interesse de nossos clientes. São escritos para serem leituras rápidas e informativas. Abordamos tudo, desde como construir um abrigo de sobrevivência no deserto até como se proteger de vários golpes online.

Terça-feira: Lista dos cinco melhores. Criamos um e-mail com links de alguns dos artigos mais relevantes sobre assuntos do interesse da nossa base de clientes.

Quarta-feira: Artigo de alta qualidade, aproximadamente quinhentas palavras.

Quinta-feira: Apresentamos um artigo de um membro da equipe, geralmente um ex-agente da CIA, sobre um assunto do interesse de nossos clientes.

Sexta-feira: Outro artigo de alta qualidade escrito por um operador das Forças Especiais.

Sábado: Apresentamos a correspondência semanal e respondo às perguntas enviadas por clientes.

NÃO É PRECISO SER ESCRITOR PROFISSIONAL PARA CRIAR UM CONTEÚDO DE QUALIDADE

Se você gosta do seu nicho e o entende, não terá dificuldades em ter ideias para compartilhar com seu público. É necessário ser um leitor voraz que verifica as notícias para ficar a par das novidades em sua área. Se não se sente confortável em escrever, elabore um texto como se fosse um e-mail para um amigo. Em essência, é isto o que está fazendo: se comunicando com sua família de clientes. Se realmente precisar de ajuda para criar conteúdo, contrate um freelancer com quem possa se conectar para executar suas ideias.

CONTINUE A GANHAR CREDIBILIDADE COM SEUS ATIVOS:
Como Bebi Água da Privada do Banheiro Masculino do McDonald's

Como disse, um dos meus maiores objetivos para a Spy Escape & Evasion é ser referência de informações sobre segurança e sobrevivência. Não é algo que se consegue com a venda de uma caneta tática com a qual uma pessoa fica feliz e a mantém no bolso o tempo todo. Embora seja ótimo, quero aprofundar e construir relacionamentos mais duradouros. No mundo da CIA, o relacionamento de um agente com um ativo precisa ser tão seguro que ele fará qualquer coisa por você. Quero **recrutar** nossos clientes para nossa família de pessoas afins e independentes que desejam as melhores e mais atualizadas informações sobre segurança e sobrevivência.

Quero que nossos clientes saibam que apoio todos os nossos produtos — que funcionam, são confiáveis, e não venderei nada que não usaria ou não deixaria minha família usar. Pratico o que digo e, por isso, fiz algumas coisas que a maioria acharia totalmente loucas. Um dos maiores problemas em caso de emergência é a água potável. Obviamente, é algo que um ser humano não pode ficar sem por muito tempo — três dias no máximo. Sempre incentivo as pessoas a manter um suprimento de água: um galão por dia e por pessoa em sua casa, para no mínimo sete dias, mas o ideal é que seja o suficiente para trinta dias. Mas, por ser um bom agente secreto, sempre tenho um plano alternativo. Minha empresa procurou e agora vende um dos melhores sistemas de filtragem de água disponíveis. Acredito plenamente nesse produto, mas queria comprovar minha palavra. Queria ganhar credibilidade usando-o e consegui. Fiz um vídeo utilizando o filtro para beber água das fontes mais repugnantes que possa imaginar. Minha intenção era provar que esse dispositivo funcionava e era seguro. Qual a melhor forma de fazer isso do que beber água diretamente de um lago repleto de musgo e infestado de mosquitos, um cocho em uma fazenda (sim, usado pelos animais) e a privada do banheiro masculino do McDonald's (não, a última pessoa a usá-la não deu descarga). O filtro funcionou, a água estava pura e não fiquei doente. Não fiz esse vídeo para chocar as pessoas, mas para mostrar aos meus valiosos clientes (**ativos**) que não prejudicarei seu bem-estar e segurança ao vender um produto inferior.

CONECTE-SE COM HISTÓRIAS

Adoro a caneta tática da minha empresa. É uma arma confiável que pode salvar sua vida, mas também é uma caneta, e eu a uso o tempo todo para práticas comuns, como assinar papéis. Por ser essencialmente uma caneta, é possível levá-la para qualquer lugar. Sempre digo que, além de seguir todas as dicas de segurança que descrevi em *Spy Secrets That Can Save Your Life* ["Segredos de Espião que Podem Salvar a Sua Vida", em tradução livre], carregá-la é a maneira mais segura de viajar de avião. Claro que se não pode levar uma arma de verdade para um voo, mas uma caneta é permitido. Ela pode ser usada para autodefesa, caso alguém tente algo insano. Também é uma ótima arma para quando estiver em uma cidade desconhecida. Mas as pessoas têm receio de que a caneta não passe pela segurança. Ou, pior, que terão problemas por tentar levar uma arma para o avião. Quando um cliente me contatou para dizer como estava satisfeito por ter sua caneta tática em uma recente viagem a Israel, fiquei muito curioso. A El Al Airlines é conhecida por sua segurança extremamente rigorosa. Ainda assim, ele não teve nenhum problema para embarcar com o item. Imediatamente compartilhei esta história com meus clientes:

> Faço muitas viagens (nacionais e internacionais) e é reconfortante sempre ter uma arma disponível. Acabei de passar pelo aeroporto mais seguro do mundo (Ben Gurion, em Israel) e carreguei minha caneta comigo o tempo todo. Não tive problemas, nenhuma pergunta quando passei pelo detector, tudo tranquilo. Viajar sozinho para países novos (e desconhecidos) pode ser

um pouco assustador. Pelo menos agora não me sinto desprotegido.

Queria que meus clientes vissem como é possível se sentir protegido com essa caneta em viagens, e foi o que essa história mostrou. Para continuar a ser referência de qualquer produto, às vezes é preciso compartilhar histórias sobre as experiências de outras pessoas. As histórias permitem que nos conectemos como seres humanos, e compartilhá-las pode ter um grande impacto na forma como seus clientes se conectam a você.

COMPARTILHE SUAS PRÓPRIAS EXPERIÊNCIAS

Gosto de compartilhar histórias sobre minhas próprias experiências pessoais com sobrevivência e segurança. Embora não esteja interessado em produzir material sobre mim, acho importante falar sobre casos em que tive que usar minhas próprias técnicas ou ferramentas. Quero que meus leitores e clientes me vejam colocar meus conhecimentos em prática no mundo real. Falei sobre como minha experiência na corrida de touros em Pamplona me fez perceber como seria um colapso completo da sociedade. Quando se está correndo em uma multidão perseguida por um animal de 454kg com chifres, toda civilidade desaparece. Escrevi sobre os conselhos que dei a um familiar que vivenciou a terrível experiência de ser perseguido. Já falei bastante a respeito de como ensinei minha filha pequena sobre segurança com armas; compartilhei uma carta que escrevi para que ela leia quando for mais velha e comprar sua primeira arma. Depois, houve uma vez que minha esposa e eu ouvimos um barulho terrível no meio da noite, e me vi espreitando a casa com minha arma apenas para descobrir que o culpado era uma mala que caíra de uma prateleira. Não sou uma pessoa tão pública, mas se algo acontecer na minha vida, e puder ser relevante para o meu público em relação à segurança e à sobrevivência, compartilho.

Sempre pergunte o que querem: Novamente volto à grande pergunta. Forneço um pequeno questionário no site da empresa e minha recomendação é que a pergunta final seja: "Qual é a principal coisa em que poderia ajudá-lo agora?" As informações provenientes dessa pergunta simples são valiosas. Também é possível utilizar as respostas para personalizar o conteúdo que agrada a diferentes grupos de pessoas com interesses específicos.

Confira alguns exemplos de perguntas que faço. É fácil adaptar esta pesquisa a qualquer tipo de negócio.

> Qual é a principal coisa que posso fazer para ajudar você e sua família a ficarem mais seguros esse ano?

> Sobre quais assuntos você deseja aprender mais?

- Proteção domiciliar

- Armas

- Armazenamento de alimentos

- Autodefesa

- Segurança cibernética

- Preparação para desastres naturais

- Outros

> Onde você geralmente busca informações sobre esses assuntos?

> Em que posso ajudá-lo agora?

> ## COMPONENTES ESSENCIAIS DO
> ## FUNIL DE VENDAS MILIONÁRIO
>
> ---
>
> **Vários upsells:** É muito simples, as pessoas têm reações diferentes e compram upsells distintos. Incluir uma combinação de itens aumenta suas chances de ganhar dinheiro.
>
> **Boa copy de vendas:** Na Spy Escape & Evasion, nos esforçamos para desenvolver textos que despertem o interesse de nossos clientes. É essencial ter uma copy bem escrita que provoque um senso de valor e urgência. Não crie um site bonito e não utilize linguagem profissional e rebuscada. Como mencionei, já fui um dos copywriters mais bem pagos do mundo e colaborei com a Agora, Inc. e outras. Atualmente, apenas escrevo para mim mesmo e meus clientes de coaching. Contudo, a capacidade de escrever copys é uma das habilidades mais importantes. É como utilizar o ciclo IADR, mas aplicá-lo no papel, e não pessoalmente.
>
> **Conteúdo de qualidade:** Sempre vise fornecer informações adicionais que os outros não dão. O fornecimento consistente de conteúdo relevante faz com que você se torne a principal fonte confiável de qualquer produto ou serviço que ofereça.

Na Spy Escape & Evasion, utilizamos os elementos do ciclo IADR para criar várias campanhas de marketing bem-sucedidas que renderam milhões de dólares. Administrar seu próprio negócio é uma das empreitadas mais gratificantes e também mais difíceis que uma pessoa pode assumir. Seguir o processo do ciclo IADR pode aliviar o fardo ao trazer novos e lucrativos fluxos de receita para seu negócio. Sei que, a princípio, pode parecer complicado e demorado. Acredite, fica mais fácil à medida que você aprimora sua técnica, e os resultados positivos fazem todo o esforço valer a pena. Se, assim como eu, você tem muito orgulho dos produtos e dos serviços que oferece, deve maximizar seu potencial ao instituir esse sistema simples e eficaz. Espero que perceba logo que as possibilidades são infinitas.

[MITOS DE AGENTE SECRETO DESVENDADOS]

AGENTES SECRETOS VÊM DE TODAS AS CLASSES SOCIAIS E DIFERENTES FORMAÇÕES EDUCACIONAIS.

Verdadeiro!

Um dos aspectos mais fascinantes de ser empreendedor é conhecer outras pessoas com tantas experiências diferentes. Conheci empresários de sucesso que começaram como comediantes, advogados ou até artistas de circo. O mundo da CIA é semelhante — as pessoas vêm de vários contextos fascinantes e diferentes. Assim como muitos empreendedores de sucesso não têm MBA, ao contrário do que as pessoas pensam, as universidades da Ivy League não são o ambiente propício para futuros agentes secretos. Embora os agentes secretos certamente sejam algumas das pessoas mais inteligentes que conheço, a CIA valoriza e respeita indivíduos de várias origens. O famoso Tony Mendez, retratado no filme *Argo*, estudou arte na faculdade. Ele se candidatou a um anúncio de emprego como designer gráfico e acabou sendo contratado pela CIA. Julia Child, famosa chef e escritora de livros de culinária, trabalhou como copywriter em uma agência de publicidade em Nova York antes de ingressar como datilógrafa no antecessor da CIA, o Escritório de Serviços Estratégicos (OSS, na sigla em inglês). Ela acabou sendo incumbida de uma pesquisa ultrassecreta. Muitos agentes secretos optaram por ingressar nas Forças Armadas em vez de ir para a faculdade (comecei como policial). Se perguntar para um grupo de agentes secretos qual o trabalho mais estranho que já tiveram, garanto que obterá respostas interessantes, como florista, motorista de táxi e até peão de boiadeiro. A CIA se interessa mais pela inteligência geral de uma pessoa e sua capacidade de resolver rapidamente problemas do que por uma graduação na Ivy League. Esses aspectos também importam mais nos negócios. De acordo com um estudo recente da CNBC, a maioria dos proprietários de pequenas empresas não possui diploma universitário. Empresários que não frequentaram a faculdade excedem em número aqueles com diploma em ambos os gêneros e em todas as faixas etárias. É ótimo ter acesso à educação, mas administrar uma empresa de sucesso vai muito além de possuir um pedaço de papel.

[PARTE DOIS]

Habilidades de Agente Secreto Aprimoradas: Como Levar Sua Empresa a um Novo Patamar

Um dos meus colegas mais inteligentes que serviu de forma fiel aos EUA como agente secreto por anos afirma: "Habilidades de espionagem são apenas o senso comum aprimorado." Resumindo à sua forma mais simples, ele está absolutamente certo. O treinamento da CIA trata-se de aprender a dominar habilidades inatas — refiná-las, desenvolvê-las e aperfeiçoá-las até que atinjam um sentido muito elevado. Isso requer anos da sua vida aprendendo a elevar o senso comum a algo maior e mais poderoso. Quando se aprende a fazer isso, você muda sua perspectiva do mundo e de seu ambiente circundante. Você entende que, na base de qualquer missão bem-sucedida, existem alguns conceitos-chave. Nenhuma missão teria êxito sem lealdade, capacidade de aprender, comunicação e preparação. É senso comum que devemos passar a vida valorizando nossos amigos, familiares e colegas de trabalho, e devemos manter nossas mentes abertas a novos conceitos, nos comunicando adequadamente em nossas interações diárias e nos preparando para os imprevistos. No mundo da CIA, esses conceitos de senso comum significam absolutamente tudo — essas ideias simples representam a diferença entre sucesso e fracasso, bem como vida e morte.

Desde que deixei a CIA e me tornei um empreendedor, percebi que esses mesmos conceitos básicos são um guia perfeito para administrar um negócio. Se você aprender a explorar seu bom senso e desenvolvê-lo em níveis sem precedentes, ele será sua bússola pessoal e conduzirá sua empresa para a grandeza.

CAPÍTULO 8

LEALDADE SUPERIOR

Na CIA, o relacionamento entre parceiros é único. Em uma operação, você e seu parceiro podem ser enviados aos países mais hostis onde norte-americanos simplesmente não são bem-vindos. Vocês são incumbidos de cumprir uma missão perigosa e só dependem um do outro. Embora os agentes secretos às vezes trabalhem em equipes em determinadas operações, quase sempre o grupo é muito pequeno, e você também costuma estar sozinho. Não somos militares; não há reforços. Sabemos que, em uma operação secreta, o governo não intervirá para nos resgatar se algo (ou tudo) der errado. Isso resulta em uma lealdade tão profunda e significativa que pode ser difícil para as pessoas externas ao mundo da CIA entenderem-na.

A HISTÓRIA DE ELLIOT

Jamais me esquecerei da vez em que pensei ter deixado meu parceiro para trás (na borda de um telhado). Precisávamos subir no topo de um prédio em um território hostil para instalar um dispositivo de escuta. É claro que não queríamos ser descobertos, então escolhemos uma noite de lua cheia, pois sua luz seria nossa única iluminação para executar as manobras necessárias. Bem, acontece que não havia luar e não conseguíamos enxergar um palmo adiante do nariz lá em cima.

Meu parceiro, Mark, tropeçou em um fio. Não o vi cair, então não fazia ideia do que havia acontecido naquele momento, mas fez um barulho alto. Trabalhávamos juntos tempo suficiente para saber que escuridão combinada com um ruído repentino era uma boa razão para abortar a missão. Tínhamos que ir embora em vez de correr o risco de sermos pegos. Eu não sabia onde Mark estava, mas sabia que tinha que chegar ao veículo de fuga. Presumi que era onde ele estaria. Desci do telhado e percebi que ele não estava em lugar algum. Comecei a entrar em pânico porque havia tirado a escada. Mark tinha sido pego? Era meu dever encontrá-lo e ajudá-lo. Silenciosamente subi de volta no telhado. Ao analisar o perímetro, pensei ter visto uma sombra. Era Mark ou alguém que nos descobriu e queria me matar? Felizmente, era Mark. Ele caíra e estava literalmente pendurado na lateral do prédio. Fiquei muito agradecido por ter chegado a tempo de puxá-lo antes que seus braços cedessem. Coisas horríveis teriam acontecido comigo se tivesse sido pego (e lembre-se: eu tinha conseguido chegar ao veículo de fuga), mas não havia como deixar meu parceiro para trás. Isso era impensável.

LEALDADE SUPERIOR GERA SUCESSO

A lealdade no mundo da CIA tem um significado muito específico. Quando se é colocado em uma situação de parceria na espionagem, você aceita a ideia de que sua vida e bem-estar podem estar nas mãos de outra pessoa. Percebe que, caso aconteçam certas situações, acordar ou não no dia seguinte depende do seu parceiro. Deve ser recíproco — você precisa sentir que faria qualquer coisa para mantê-lo seguro. Em campo, ele é sua família, e fazemos qualquer coisa pela nossa família. Esse é o mais alto nível de lealdade que já vivenciei. Agora que sou empreendedor, acho que nunca precisarei resgatar um de meus funcionários pendurado em um prédio (ou vice-versa), mas o que aprendi sobre lealdade no meu treinamento tem um impacto enorme em como conduzo minha vida e administro meus negócios.

QUAL O SIGNIFICADO DE LEALDADE PARA VOCÊ NO AMBIENTE DE TRABALHO?

Quando estava pronto para expandir meu negócio e começar a trabalhar com os membros da equipe, precisei reavaliar o que a lealdade significava para mim no ambiente de trabalho. Minha vida não depende das ações de meus funcionários, mas meu sustento, sim. O mesmo se aplica a eles, pois contam comigo para administrar uma empresa próspera e bem-sucedida, para que possam ter uma renda. Eles confiam em mim para proporcionar a eles um ambiente de trabalho produtivo, seguro e até divertido. Percebi que, no mundo dos negócios, a lealdade superior exigia que eu pensasse na minha equipe como uma família. Já havia estabelecido meus princípios centrais, mas como me responsabilizaria por eles? Prometi que para sustentar a cultura que desejava criar, uma que gerasse lealdade superior, teria que me comprometer com o seguinte:

Compromisso com a missão: Teria que demonstrar de maneira constante que estava comprometido com a missão da nossa empresa; e manifestar de forma clara minha disposição de fazer o que fosse necessário para progredir e construir uma empresa para mim e minha equipe. No mundo da CIA, ambos os parceiros devem estar totalmente comprometidos em concluir uma operação. Eles farão qualquer coisa e trabalharão incansavelmente para que isso aconteça. Sou sempre o primeiro a chegar no trabalho e o último a sair, demonstrando de modo consistente minha dedicação ao sucesso do negócio.

Transparência: Teria que ser transparente sobre a condição da empresa sempre que possível. A equipe precisaria ser informada sobre novas oportunidades, mudanças, sucessos, fracassos, situação da concorrência e nossos objetivos. Os parceiros em campo compartilham abertamente todas as informações sobre uma missão, pois essa é a única maneira de realizar o trabalho. Os parceiros não escondem nada um do outro, pois os segredos podem colocar toda a operação em risco.

Reconhecer e aceitar os pontos fortes e fracos de cada um: Todo intelligence officer contribui com algo único. A CIA funciona devido à infinidade de habilidades e talentos que pode aproveitar. A agência contrata algumas das melhores e mais brilhantes pessoas do país, mas é possível se surpreender com a variedade de nossos talentos. Existem especialistas em toxinas e venenos, falsificadores habilidosos, franco-atiradores, linguistas, psicólogos, contadores, programadores, artistas. Sem as pessoas que se destacam em todos esses diferentes conhecimentos, não poderíamos coletar informação e executar as missões para manter os EUA seguros. Cada membro é valorizado por sua contribuição distinta. Percebi que eu faria questão de honrar e respeitar os pontos fortes de cada um; e aceitar que pontos fracos são naturais, não necessariamente falhas que precisam ser corrigidas. Minha equipe tem escritores fantásticos, planejadores incrivelmente organizados, pessoal gentil e paciente de atendimento ao cliente, e seguranças de primeira linha. Ao respeitar e reconhecer a contribuição de todos para a Spy Escape & Evasion, possibilito que as pessoas deem o melhor de si, o que nos fortalece como equipe.

Defender minha equipe: Uma das razões pelas quais estou disposto a terminar relacionamentos com clientes excessivamente difíceis é a lealdade aos membros da minha esforçada equipe. Se quero incentivar a lealdade superior, preciso provar que o bem-estar e o estado de espírito deles significam mais do que um lucro rápido. Durante meu período na CIA, nunca hesitaria em defender meu parceiro em uma crise. Queria que minha equipe soubesse que, sem dúvida, seria devidamente apoiada e protegida em situações difíceis.

Recompensar o ótimo comportamento: Agentes da CIA sabem que seus ativos se arriscam ao fornecer informações úteis. Agentes secretos demonstram gratidão por eles sempre que podem, oferecendo itens caros ou recompensas menores, como jantares e dinheiro. Da mesma forma, sempre reconhecerei quando alguém se superar. Jamais esquecerei como minha equipe se uniu e se esforçou no último Natal para cumprir a demanda elevada de pedidos. Foi um grande desafio. Sem que eu insistisse, a equipe se reunia aos sábados e até tarde da noite, ajudando a preparar e empacotar os pedidos para o envio. Sem sua disposição em colaborar, poderíamos ter perdido muitos negócios. Fiquei feliz em recompensar minha equipe com refeições, presentes e bônus. Se deseja lealdade superior, sempre faça questão de reconhecer um comportamento extraordinário, mesmo que seja algo tão simples quanto ajudar a empacotar os pedidos de Natal feitos de última hora.

Tratar os outros como gostaria de ser tratado: Essa é a mais simples de todas as afirmações, mas talvez a mais poderosa. Queria ser o tipo de líder que conquista o respeito da equipe por ser ético, buscar a excelência, ser respeitoso e sempre mostrar integridade. Queria ser o exemplo de bom comportamento e tratar todos como gostaria de ser tratado. Os agentes secretos não podem trabalhar juntos se não se respeitarem mutuamente. Não há margem para discussões ou desconfianças em campo, e uma missão não será concluída sem um compromisso mútuo com a excelência e a integridade.

Quando se está concluindo o treinamento com um grupo de outros agentes secretos, a integridade é essencial. Seu parceiro é responsável por salvar sua vida. Durante o treinamento, eu pensava: a quem nesse grupo posso confiar minha vida? Qualquer um que não atirasse bem, fosse exaltado ou não colaborasse era um problema. Essas pessoas muitas vezes não conseguiam passar pelo treinamento porque colocavam o resto do grupo em perigo. Vejo minha empresa de maneira semelhante: todo membro tem um papel fundamental a desempenhar. Sua contribuição é essencial para a subsistência da empresa. Obviamente, seres humanos cometem erros e não espero perfeição, mas *integridade é importante*. Tinha um funcionário inteligente, simpático e que fazia um ótimo trabalho. O único problema era que ele não conseguia cumprir os prazos. Ele não respeitava o resto da nossa equipe ao fazer seu trabalho em tempo hábil, o que o tornava um risco. Conversamos sobre esse problema, e eu disse que faria o possível para ajudar, porque ele fazia um bom trabalho. No fim, ele não conseguia cumprir o prazo, e, pelo bem da equipe, tive que dispensá-lo. Mostre seu compromisso com a integridade ao honrar os valores centrais que estabeleceu. Não insistir na integridade de todos os membros da equipe é perigoso para a sobrevivência da empresa.

A LEALDADE COMEÇA COM VOCÊ

Aprendi que, quando há dedicação a uma causa (como o sucesso de um novo negócio ou a proteção dos EUA), você desenvolve um profundo apreço por cada parte do processo. Na CIA, valorizamos os analistas, os cartógrafos, os mecânicos que trabalham em nossos carros, a equipe administrativa e até os funcionários da cafeteria que fazem chocolate quente nos dias frios do norte da Virgínia. Você percebe como cada componente é essencial para o funcionamento de uma organização bem-sucedida. Esse profundo apreço por todas as partes do processo e o orgulho que sente por dar sua própria contribuição pessoal é o que possibilita o crescimento da lealdade. Quando fundei a Spy Escape & Evasion, apreciei de imediato a contribuição de cada membro da equipe à totalidade.

CAPÍTULO 9

PREPARAÇÃO EXTREMA
Prepare-se Continuamente

Benjamin Franklin, um dos pais fundadores dos EUA, que também inventou as lentes bifocais e o para-raios, publicou a primeira charge e se tornou um dos cinco homens a redigir a Declaração de Independência, disse: "Falhar em preparar-se é preparar-se para falhar." Ao longo de minhas diferentes carreiras, dei muito valor à preparação; praticamente a elevei a uma forma de arte.

Na CIA, tínhamos mochilas de sobrevivência. Elas eram equipadas com o razoavelmente necessário para sobreviver caso ocorresse um grande ataque. Fomos ensinados a verificá-las regularmente. No caso de uma catástrofe, ninguém queria ser o cara que não tinha baterias extras para o rádio e ficava incomunicável. Fomos ensinados a abordar o planejamento de missões da mesma maneira. Após ler a descrição de uma missão, não entrávamos em ação. Verificávamos novamente e aprofundávamos o assunto com o analista que a escreveu, para garantir o entendimento total e fazer os preparativos adequados. Nenhum agente secreto quer ir para uma parte remota de um país estrangeiro apenas para descobrir que não tem tudo o que precisa. Nesse caso, ele não pode simplesmente entrar em uma loja local e comprar uma antena superpoderosa capaz de captar a conversa do inimigo. Se os preparativos não forem executados com perfeição, a missão falhará.

A preparação salva vidas. Todos nós já vimos histórias horríveis na TV sobre o que a falta de preparação causa quando ocorre um desastre natural, como um furacão; pessoas morrem por falta de água ou desaparecem em uma forte nevasca por não ter o equipamento necessário. Sempre preparei a mim e à minha família adequadamente para que sobrevivamos a qualquer ataque ou desastre natural. Como todo empreendedor sabe, começar um novo negócio é extremamente arriscado. De acordo com a Secretaria de Estatísticas Trabalhistas dos EUA, 20% das novas empresas fecham no primeiro ano e 50%, no segundo. São números assustadores. Senti-me muito satisfeito ao perceber que minha aptidão para a *preparação extrema* (quem me conhece diria) poderia ser o fator infalível do meu negócio.

O PODER DAS CHECKLISTS

Na Spy Escape & Evasion, para todas as aulas ministradas, elaboramos checklists extremamente detalhadas. É fácil subestimar sua utilidade ao realizar negócios, mas elas são muito mais do que algumas palavras rabiscadas em um pedaço de papel. Um sistema sólido de checklists pode trazer grandes benefícios à sua empresa:

Ferramentas de treinamento: Novos funcionários podem consultar checklists e conferir com facilidade quais são as expectativas para uma tarefa específica, bem como todas as etapas necessárias para executá-la com êxito.

Manter a consistência: Na Spy Escape & Evasion, sabemos exatamente o que é necessário para tornar cada um de nossos eventos seguro e agradável para os clientes — nossas aulas são consistentes. As únicas pessoas que ministram nossos cursos são ex-agentes secretos experientes, os melhores na área. Nossos exercícios de espionagem são executados em locais divertidos e animados — das ruas de uma pequena cidade aos cassinos de Las Vegas. Sempre nos certificamos de incluir um exercício inesquecível. Amarrar as mãos das pessoas e ensiná-las a escapar de um porta-malas fechado é sempre um sucesso. Esforçamo-nos para garantir que nossas apresentações sejam inovadoras e fáceis de entender. Nossas palestras contam com apresentações visuais dinâmicas para garantir que nossa mensagem seja transmitida de modo que todos entendam.

Delegar funções: Podemos consultar uma checklist ao planejar um evento e conferir de imediato todas as tarefas que precisam ser executadas. Isso é incrivelmente útil para decidir quem será responsável por cada uma delas. Também podemos verificar se um evento exige o auxílio de mais membros da equipe.

Disponibilizar tempo para outras atividades: Ter tudo planejado em uma checklist possibilita o aperfeiçoamento de sua técnica e lhe concede mais energia para outras tarefas. Saber que se tem um sistema infalível alivia o estresse e disponibiliza tempo para outras atividades, como fazer contatos e estabelecer metas.

CHECKLISTS FORNECEM UM FEEDBACK VALIOSO:
O Relatório Pós-ação

É verdade que, antes de um evento, checarei três vezes cada item da minha lista (e provavelmente continuarei e o farei pela quarta vez). Carregarei com atenção o caminhão com equipamentos na noite anterior ao evento, riscando cada um deles da lista. Se realizarmos uma aula de tiro, verificarei o número de armas de fogo, munição, alvos, proteção auditiva, óculos de tiro, gaze (em caso de emergência), rádios, baterias, megafone, água, sanduíches, petiscos e assim por diante. Um item faltante pode ser a diferença entre uma experiência incrível e uma medíocre. Também ligarei para o hotel para verificar as acomodações das pessoas que pegarão o voo. Se usarmos uma sala de conferências, confirmo a iluminação, as tomadas e os assentos. Agir assim é a forma mais fácil e importante de garantir o sucesso de seu negócio. Mas a preparação tem um valor adicional: ela também fornece feedback fácil, gratuito e instantâneo sobre como melhorar sua experiência para obter ainda mais êxito no futuro. Em campo, os agentes da CIA acompanham cuidadosamente seu progresso. Dependendo da natureza da operação, eles podem fazer anotações, comunicar-se via rádio ou escrever segredos em papel solúvel em água (que se dissolverá facilmente se um agente secreto precisar destruí-lo rápido). Os agentes secretos estão sempre refinando seu processo ao prestar atenção ao que funcionou, às técnicas que precisam aprimorar e às táticas executadas que funcionaram bem. Todas essas informações são cuidadosamente documentadas no que é conhecido como relatório pós-ação (RPA). É um documento usado para revisar qualquer projeto ou evento após sua conclusão.

É útil para compreender o que deu certo, observar o que deu errado e ajudar a garantir um melhor resultado na próxima vez.

Por exemplo, se você trabalha no setor imobiliário, mostrará muitos imóveis para outros corretores e para o público. Sua capacidade de vender uma casa (e finalmente ganhar comissão) depende do sucesso dessas visitas. Imagine a impressão que daria se não conseguisse abrir a porta porque esqueceu a chave. E se os folhetos não estivessem prontos a tempo? Ou pior: e se abrisse a porta minutos antes e descobrisse que o local está bagunçado? Ter um processo, ou seja, checklists que detalham o necessário para tornar a visita um sucesso, de folhetos à limpeza do imóvel, pode fazer a diferença entre fechar uma venda (e conquistar indicações de pessoas impressionadas com a qualidade de seu trabalho) e passar por uma situação desastrosa.

BRIEFING:
Como Elaborar um Relatório Pós-ação

Fazemos uma reunião de briefing com toda a equipe após cada evento. Nós nos reunimos para discutir os detalhes e analisamos todos os aspectos do nosso relatório pós-ação. É exatamente isso que os agentes secretos fazem após uma operação. Eles sempre analisam e aprimoram cuidadosamente os procedimentos, para que operações futuras sejam realizadas de maneira ainda mais tranquila. O relatório pós-ação é uma das ferramentas mais impactantes para avaliar nossos eventos. Sempre buscamos como melhorar a experiência do cliente, ser mais eficientes e corrigir falhas que possam causar problemas. Um bom RPA geralmente tem o seguinte aspecto:

AGENTE DE INFLUÊNCIA

[RESUMO DA ATIVIDADE]
SPY ESCAPE & EVASION

NOME DO EVENTO: Ultimate Spy Week.

DATA DO EVENTO: 10 a 16 de setembro de 2017.

RESUMO/ESCOPO DO EVENTO:

OBJETIVOS: A Ultimate Spy Week é uma semana de pura adrenalina que ensina aos participantes as seguintes habilidades: fuga e evasão; direção evasiva; defesa com facas; manuseio de rifles e pistolas; e combate corpo a corpo. Nosso objetivo é fazer com que cada participante saia do evento com confiança e habilidades para superar qualquer ameaça.

AMEAÇAS/PERIGOS EM POTENCIAL: Mudamos o local para um novo hotel; é essencial confirmar a disposição dos assentos solicitada. Verificar se o equipamento audiovisual está instalado e funcionando. Além disso, usaremos uma nova área para praticar rotas de detecção de vigilância. Por último, e talvez o mais urgente, é garantirmos segurança durante o exercício de fuga de porta-malas trancado. Precisamos alertar as autoridades da região para a situação não ser confundida com um sequestro real.

Participantes:

Oito membros da equipe da Spy Escape & Evasion

1. Jason Hanson
2. Instrutor X
3. Instrutor Y
4. Instrutor Q

5. Instrutor S
6. Audiovisual
7. Admin
8. Admin

CAPACIDADE PRINCIPAL Nº 1:

A. Pontos fortes: O Instrutor X foi cativante e elucidativo; sua apresentação foi animada e bem recebida.

1. Recursos visuais. Clareza alcançada.

2. Narrativa. Envolvente e útil.

3. Habilidades. Bem executadas e fáceis de acompanhar.

B. Pontos de melhoria:

1. A explicação sobre ponto de disfarce deve ser feita antes na apresentação.

2. Mais acessórios melhorariam a apresentação.

CAPACIDADE PRINCIPAL Nº 2: HOTEL/NOVO LOCAL

A. Pontos fortes:

1. Os participantes foram recepcionados adequadamente e receberam instruções.

2. Local organizado como solicitado.

3. Áudio e vídeo funcionando como solicitado.

B. Pontos de melhoria:

1. O andar inferior seria melhor; demorou muito para as pessoas descerem para comer ou beber durante os intervalos.

2. Temperatura inconsistente do ambiente.

CAPACIDADE PRINCIPAL Nº 3: ADMIN

A. Pontos fortes:

1. Registrou todos os participantes. Fez com que todos se sentissem bem-vindos.

2. Resolveu problemas de logística dos hóspedes.

3. Fotografou os participantes realizando os exercícios de treinamento.

B. Pontos de melhoria:

1. Distribuir termos de autorização de uso de imagem antes do início.

2. Oferecer o envio das fotos por e-mail para os participantes que desejarem tê-las.

3. Considerar levar uma segunda câmera, para duas pessoas fotografarem.

4. A água acabou rápido. Levar mais dois fardos de garrafa de água para o próximo evento.

ANÁLISE DE UM RELATÓRIO PÓS-AÇÃO

Ao concluirmos um de nossos cursos de espionagem de uma semana ou um projeto importante, como conceber, fabricar e vender uma nova faca, recapitulamos nossos objetivos em um RPA. Embora tenhamos elaborado nosso próprio relatório pós-ação para atender às nossas necessidades, é fácil criar um que funcione para o seu negócio. Para obter o máximo possível de informações valiosas, considere incluir o seguinte resumo.

RESUMO DO PROJETO/ RECAPITULAÇÃO DE OBJETIVOS

Qual era o objetivo?

Nosso objetivo era projetar, fabricar, comercializar e vender uma faca de sobrevivência de alta qualidade que pudesse ser usada em operações secretas. O item tinha que ser leve e produzido com o melhor aço do mercado. Também tinha que ter uma bainha modular, que permitisse ao usuário portar a faca de várias maneiras.

O objetivo foi atingido?

Após consultar vários designers, chegamos a um conceito que atendia aos nossos critérios. Também conseguimos encontrar um aço leve e forte que se encaixasse nos nossos parâmetros de preços.

Quais partes do projeto/evento deram certo?

Foi fácil trabalhar com o Designer X, um profissional acessível que se comunicou com clareza e cumpriu tudo o que disse que faria. Ele é um ativo excelente, e suas contribuições para o projeto ajudaram a alcançar o objetivo.

Quais partes deram errado? Por quê?

O mais desafiador foi encontrar o aço ideal e obter materiais suficientes para atender à alta demanda. Teremos que monitorar esse ponto de forma consistente.

Quais aspectos precisam ser modificados?

No início, esse projeto levou mais tempo do que o previsto, pois precisamos encontrar designers, produtores e fornecedores ideais. Necessitamos de maior divulgação para ter acesso mais rápido às pessoas que atuam nessas áreas.

Conclusão do Briefing:

> Liste as conclusões obtidas da leitura do RPA.

> Discuta quem será responsável por quais ações.

> Dê oportunidade para que a equipe expresse suas opiniões e ideias.

> Faça alterações apropriadas na checklist.

Checklists e RPAs ajudam a evitar erros incômodos e dispendiosos que podem resultar na perda de um cliente. Os intelligence officers não são as únicas pessoas que confiam em checklists. Atul Gawande, cirurgião e autor, escreveu extensivamente sobre como elas salvam vidas. Como cirurgião, ele observa que existem "erros de ignorância" e "erros de incompetência". Os primeiros ocorrem quando não sabemos algo; os segundos acontecem porque não aplicamos o que sabemos da maneira correta. Ele sabiamente aponta que a maioria das falhas se deve à segunda causa. As checklists e os RPAs são soluções simples que podem impedir os erros constantes provenientes da nossa natureza humana. Esse é o motivo pelo qual cirurgiões e pilotos recorrem muito a esses sistemas.

E sabe qual é a melhor parte de utilizar esse sistema? Após carregar com atenção um caminhão na noite anterior a um evento e riscar cada um dos itens da lista, sei que posso deitar e desfrutar de uma noite tranquila de sono, pois tenho certeza de que tudo o que minha equipe precisa para um evento de sucesso está exatamente onde precisa estar.

[MITOS DE AGENTE SECRETO DESVENDADOS]

AGENTES SECRETOS NÃO USAM SOBRETUDO NA VIDA REAL, APENAS EM FILMES.

Falso!

Geralmente parece ridículo ver um agente secreto usando sobretudo. Nos filmes, eles sempre correm atrás de alguém ou são perseguidos, e é claro que o casaco parece atrapalhar. Mas a verdade é que o clássico sobretudo de agente secreto é a melhor vestimenta para carregar as ferramentas necessárias para o trabalho. Como disse, agentes da CIA talvez sejam as pessoas mais preparadas do mundo. É provável que seu sobretudo tenha compartimentos especialmente criados para guardar armas de fogo, facas, munição, lanterna, celular, rádio e recipientes para inserir informações. Dependendo do nível de perigo, é possível que compartimentos secretos tenham sido inseridos no casaco para que o agente secreto possa transportar informações ultrassecretas com segurança.

[MODELO DE RELATÓRIO PÓS-AÇÃO]
RESUMO DA ATIVIDADE

EVENTO/PROJETO:

DATA:

RESUMO/ESCOPO DO EVENTO/PROJETO:

OBJETIVOS:

POSSÍVEIS COMPLICAÇÕES:

PARTICIPANTES DA EQUIPE:

CAPACIDADE PRINCIPAL Nº 1:

A. Pontos fortes:

1.

2.

3.

B. Pontos de melhoria:

1.

2.

CAPACIDADE PRINCIPAL Nº 2:

A. Pontos fortes:

1.

2.

3.

B. Pontos de melhoria:

1.

2.

CAPACIDADE PRINCIPAL Nº 3:

A. Pontos fortes:

1.

2.

3.

194 AGENTE DE INFLUÊNCIA

B. Pontos de melhoria:

1.

2.

3.

4.

CAPÍTULO 10

ESTEJA SEMPRE APTO A APRENDER

Conrad Hall, renomado diretor de fotografia que contribuiu com filmes clássicos como *A Sangue Frio, Rebeldia Indomável* e *Butch Cassidy* (para mencionar alguns), acreditava fervorosamente no poder do aprendizado. Embora tenha dominado sua arte e trabalhado com os maiores astros e diretores de cinema, sempre acreditou que havia muito mais a aprender. "Sempre se é um estudante, nunca um mestre", disse. "É preciso progredir." Esse sentimento é verdadeiro no mundo da CIA e me fez permanecer aberto e flexível à medida que construí meu negócio. Gosto de considerar o treinamento na CIA um aprendizado obtido em uma longa linhagem de mestres. Tive imensa sorte ao aprender minhas habilidades de agente secreto com pessoas talentosas que praticam sua arte com cautela, orgulho e forte senso de excelência. Elas também aprenderam com profissionais talentosos, e esse ciclo continua.

Também é verdade que todos nessa corrente de aprendizado têm um ego considerável (o que é necessário para realizar uma operação da CIA ou administrar um negócio). É preciso esbanjar confiança, ser um líder, tomar decisões rápidas e estar pronto para assumir total responsabilidade pelos erros. No entanto, tenho certeza de que eu e todos os professores com quem tive a honra de trabalhar concordaremos em uma coisa: nunca se pode parar de aprender. No mundo da CIA, no momento em que se considera "um mestre", você coloca a si mesmo e à sua equipe em grande risco. De fato, um dos meus colegas mais estimados que ensinou na Fazenda diz: "Uma das melhores qualidades que um recruta pode ter é a capacidade de receber críticas. Não se trata da pessoa em si, mas da missão, do resultado. Sempre se coleta informações quando se está em campo. Isso porque sabemos que elas podem salvar vidas. Se achar que sabe tudo, você já era." O mesmo se aplica aos negócios. Um empreendedor deve liderar com confiança, fazer escolhas difíceis, decidir quais riscos correr e saber que quando algo dá errado *é sua responsabilidade*. Se chegar a um ponto em que não aceita a sabedoria dos outros e não está aberto a aprender novas habilidades com aqueles que possuem dons diferentes, você estabelece um limite de alcance para sua empresa. Para que minha equipe (e eu, é claro) esteja apta a aprender, a incentivo das seguintes formas:

Ser um bom ouvinte: Agentes da CIA são excelentes ouvintes. Essa é uma das melhores lições que um empresário pode aprender com a espionagem. Ao ouvir, você aprende. Nunca se sabe quando ouvirá aquela informação sobre uma empresa que lhe interesse, um produto que deseje vender ou um contato que gostaria de conhecer. Dê prioridade a ouvir, e não a compartilhar.

Aceitar críticas: Cada um tem dons e talentos únicos. É uma honra ter a oportunidade de aprender com outras pessoas que têm diferentes pontos fortes, experiências e conhecimentos.

Estar disposto a mudar: Muitos preferem mudar as regras ou a forma como uma empresa opera em vez de mudar a si mesmos. Se um agente secreto não conseguir se integrar e fazer sacrifícios, será morto. Nos negócios, às vezes temos que refletir e reconhecer que somos nós que precisamos mudar, não nossa equipe de vendas, nosso departamento de marketing ou nossos funcionários. As coisas nem sempre funcionam à nossa maneira, e, às vezes, só precisamos nos adaptar. Agentes secretos nunca se contentam em utilizar a mesma abordagem para recrutar ativos ou criar codinomes. Siga o exemplo do mundo da CIA e faça questão de obter novas habilidades, descobrir novos pontos de vista e ser flexível.

HÁ UMA LINHA TÊNUE ENTRE RISCO E FALHA:
O Ego Tóxico

É sempre fácil aceitar que temos limites, mas agentes secretos são ensinados a se esforçar para conseguir mais e fazer melhor. Agentes da CIA não são sobre-humanos, e quem cometer o erro de acreditar que é provavelmente falhará. Ethan Hunt, personagem de Tom Cruise da apropriadamente denominada Força de Missões Impossíveis, faz de tudo, desde escalada livre até se pendurar na lateral de um avião no ar. Embora eu conheça agentes secretos que salvaram suas vidas ao mergulhar em rios na calada da noite para evitar brigas com facas, não conheço ninguém que cometa o erro de pensar que poderia prender a respiração debaixo d'água por seis minutos (o que Ethan Hunt também faz). Tanto na espionagem quanto nos negócios, a linha tênue entre correr um risco e ir longe demais e fracassar é determinada pelo tamanho do ego. Já vi várias vezes como um ego inflado pode destruir uma negociação. Recusar uma oferta inadequada ou inviável é uma coisa, mas desistir de algo por causa de uma visão irracional de seu valor singular para a situação é um erro terrível. Para manter sua missão em uma direção construtiva, não se deve desenvolver um ego tóxico (e, sempre que possível, evite trabalhar com pessoas que o tenham). Faça questão de considerar cuidadosamente o seguinte:

> **Analisar o feedback negativo:** Todos temos clientes que nunca estarão satisfeitos. A tecnologia facilita que alguém faça uma avaliação negativa de um produto ou serviço. É uma parte infeliz de administrar um negócio. Mas, se você ignora de imediato todas as críticas, é preciso refletir. Feedback sobre produtos, desempenho de funcionários e atendimento ao cliente é sempre valioso, seja de um novo funcionário, de um vice-presidente com décadas de experiência, seja de um novo cliente.

> **Não se pode controlar tudo:** Ser autossuficiente é uma qualidade essencial em um agente secreto. A CIA não pode verificar seus agentes todos os dias. Se o fizesse, nada seria alcançado. A agência treina bem seu pessoal, sabe que certos traços de personalidade são adequados à espionagem e permite que os agentes secretos façam seu trabalho. Aceitar que seus colegas de equipe são capazes de realizar o trabalho deles e dar espaço e poder para que o façam é essencial para o sucesso.

Não se pode trabalhar apenas com pessoas que concordam com você: A CIA une parceiros com cautela. Cada um precisa aprimorar as habilidades do outro, pois essa é a melhor maneira de fazer com que os agentes secretos concluam as operações com sucesso (e permaneçam vivos). Imagine dois parceiros em território hostil que concordam prontamente com cada movimento e cada decisão. Pode parecer ótimo no começo, mas concordância total significa que não há diálogo. Ela elimina discussões saudáveis sobre assuntos como por que não é uma boa ideia escalar o prédio de um governo estrangeiro em plena luz do dia ou por que não é uma boa ideia para um negócio exagerar e comprar dois depósitos. Se todos concordam com você sobre tudo, é provável que tenha se colocado em uma situação de apoio ao ego tóxico.

Você define metas inatingíveis: Sempre que os agentes secretos recebem uma missão de um analista, é seu dever cumpri-la. Milhares de vidas podem estar em risco. Por isso é essencial que, na CIA, todos entendam o que é "realizável". Claro, somos ensinados a nos esforçar e correr riscos, mas não à custa de destruir toda uma operação. Admiro grandes objetivos e, como empreendedor, defino um parâmetro alto para mim; mas, como agente secreto, sei como a arrogância e o ego podem levar uma pessoa a exagerar as metas. Voar alto demais, tanto na espionagem quanto no mundo dos negócios, pode ter consequências graves.

Tenho a sorte de que as pessoas que me treinaram foram além ao compartilhar suas valiosas experiências e sabedoria, mas também deram algo maior. Demonstraram como é importante estar apto a aprender e manter sempre um ego saudável. Eu não teria sucesso se não estivesse aberto a ouvir e aprender. Confiei na experiência e no conhecimento de meus parceiros, que me ensinaram e me ajudaram a alcançar coisas novas. Aprendi que, se você não se encontra em situações em que não sabe tudo e precisa de alguém para guiá-lo, não está se esforçando o suficiente. Mergulhe em águas desconhecidas, peça ajuda e veja como sua empresa cresce por causa disso.

[MITOS DE AGENTE SECRETO DESVENDADOS]

É POSSÍVEL INICIAR UMA CARREIRA NA CIA COM PRATICAMENTE QUALQUER IDADE.

Verdadeiro!

Não é preciso se candidatar à CIA imediatamente após a graduação para considerar uma carreira como agente secreto. Muitas pessoas que trabalham para a agência tiveram carreiras longas e bem-sucedidas em outras áreas. Muitos de meus colegas eram de diferentes ramos das Forças Armadas antes de trabalhar como agentes secretos. Ser da polícia também é comum antes de se juntar à CIA. Afinal, ela necessita de pessoas com tantos conhecimentos e habilidades que seus candidatos não se limitam a recém-formados. A agência exige um diploma de bacharel, mas procura pessoas de áreas diversas, desde negócios e relações internacionais à economia, finanças e engenharia química. A equipe da sede é extremamente diversificada, pois proteger os EUA requer consideração por pessoas com diferentes habilidades, conhecimentos, personalidades e experiências de vida.

CAPÍTULO 11

CONSCIÊNCIA ATIVA

Tática Simples que Pode Transformar Seu Negócio

Alguns dos conceitos mais simples da vida geralmente têm mais poder. Isso é absolutamente verdade quando se trata de treinamento na CIA. As pessoas costumam me perguntar: "Qual a informação mais valiosa que você aprendeu em seu treinamento?" É certo que sou versado em movimentos de autodefesa e tenho certeza de que poderia me defender da maioria das pessoas (embora também tenha sido ensinado a sempre fazer o possível para evitar um confronto físico). Também admito que tenho algumas habilidades dignas de James Bond: posso seguir praticamente qualquer um e a pessoa nem sequer perceberia.

Porém as lições mais valiosas que aprendi não são atrativas, nem um pouco emocionantes, e você nunca as verá em um filme de James Bond ou Jason Bourne. Mas não cumprir essas táticas é o que faz as pessoas serem mortas em casos de emergência e causa o fracasso das empresas. No início de nosso treinamento como agentes secretos, aprendemos dois conceitos-chave, e ambos mudaram minha vida.

CONSCIÊNCIA SITUACIONAL:
O Principal Aspecto para Sua Segurança

Se há algo que eu poderia ensinar a todo mundo a praticar, seria a consciência situacional. As pessoas que recebem minha newsletter sobre sobrevivência já me ouviram falar disso.

A consciência situacional é a maneira de vivermos em alerta e empenhados. Parece fácil, certo? Não necessariamente, se você tem o hábito de sempre olhar para o telefone, enviar mensagens enquanto caminha, fazer ligações enquanto dirige, jogar videogame no transporte público e geralmente andar distraído pelas ruas. Uma das maiores diferenças entre um agente secreto e um civil comum é que este tenta abafar o ambiente à sua volta. Um agente secreto não colocará fones de ouvido para ouvir sua lista de músicas favorita com a intenção de eliminar todo o barulho da rua. Os sons e os sinais que reverberam pela sociedade indicam que tudo está bem... *ou não*. Você já assistiu ao noticiário e ouviu uma testemunha falar sobre um acidente e dizer "O carro veio do nada!"? A verdade, no entanto, é que tudo vem de algum lugar. Agentes secretos são ensinados a avaliar constantemente um ambiente, para que, assim, estejam alertas e prontos quando algo acontecer.

FIQUE FORA DO X:
O que Fazer Imediatamente Quando
Algo Acontece

Outro conceito que nos foi ensinado no início do treinamento é "ficar fora do X". O X é a zona crítica, o local em que algo perigoso e potencialmente mortal está acontecendo. A única maneira de se salvar em tal situação, seja um tiroteio, seja um desastre natural, é se mover. Imediatamente. Se está pensando: *"Bem, é óbvio que isso é exatamente o que eu faria em uma emergência"*, saiba que você tem sua própria natureza humana lutando contra você, e vencê-la é difícil. É extremamente comum que as pessoas fiquem paralisadas diante de uma situação de vida ou morte. No meu primeiro livro, *Spy Secrets That Can Save Your Life*, falei sobre como o maior perigo de um desastre aéreo é causado por incêndio, e não por colisão. Contei a história trágica de uma mulher e seu marido que sobreviveram a um terrível incêndio em um avião porque foram capazes de levantar e se forçar a mover. Eles não conseguiram que sua amiga fizesse o mesmo, e ela infelizmente morreu. Nosso instinto de paralisar diante do perigo é forte, e revertê-lo pode ser mais difícil do que pensa.

A PRÁTICA DA CONSCIÊNCIA ATIVA:
A Maior Dádiva que Meu Treinamento na CIA
Me Proporcionou

Como muitos de vocês que iniciaram negócios, fui imediatamente confrontado com o que pareciam centenas de escolhas a fazer. Havia decisões sobre branding, equipamentos de informática, software, materiais, serviços de frete, contratar ou não funcionários, quem contratar... a lista continuava. É muito trabalho, e é fácil sentir-se sobrecarregado com todos os detalhes. Enquanto eu tentava cumprir o que parecia ser a lista de tarefas mais longa da história, o resto do mundo avançava normalmente. Outras empresas eram fundadas, conferências de sobrevivência e segurança eram realizadas, e as pessoas enfrentavam novas ameaças e golpes cibernéticos diariamente.

Desde o primeiro dia na CIA, aprendi sobre consciência situacional. Sabia que era mais provável que esse conceito salvasse minha vida do que qualquer uma das minhas armas de fogo ou habilidades de autodefesa. Agora que eu era responsável por minha própria renda, precisava estar ciente do que acontecia na área de sobrevivência e autodefesa. Parece óbvio, mas todo empresário sabe que é preciso acompanhar a concorrência. A consciência situacional não se trata de estar extremamente atento, mas de dominar um tipo específico de consciência. No mundo da CIA, isso é chamado de código amarelo, o que significa que se está ciente do que está acontecendo, mas sem analisar tudo em excesso, a ponto de não conseguir fazer mais nada (o código laranja é o nível de hiperconsciência, e tem seu tempo e lugar). Se eu pudesse operar em código amarelo em relação aos meus negócios, seria capaz de focar o que realmente precisava saber e não me sobrecarregar com muitas informações. Ficar fora do X também era algo muito importante. Se alguém vem em minha direção com uma faca afiada, apenas consigo deixar de ser seu alvo se me mover. Sentado à minha mesa, cercado por pilhas de papéis e anotações, de repente entendi que, se não tivesse cuidado, não conseguiria sair do X. Papéis, listas de tarefas, formulários e arquivos poderiam me arruinar se saíssem do controle. Percebi que ficar fora do X significava ser ponderado e ágil em minha tomada de decisão; que eu não sofreria de paralisia por análise, algo recorrente na era da informação fácil. Com informações sobre absolutamente tudo ao nosso alcance, é fácil se perder em um turbilhão de pesquisas, resenhas, artigos e estudos. As táticas que aprendi em meu treinamento me ajudaram a otimizar, prosseguir e administrar um negócio simples e bem-sucedido. A prática da consciência ativa o ajudará a manter o foco, prever acontecimentos e permanecer conectado aos membros da sua equipe. A seguir, há algumas maneiras fáceis de começar a praticar a consciência ativa.

SEPARE PROJETOS DE AÇÃO IMEDIATA DE PROJETOS DE LONGO PRAZO

Faço questão de evitar a paralisia por análise sempre que possível. Embora algumas decisões exijam mais reflexão e planejamento do que outras, os empreendedores podem facilmente se perder nesse processo. No mundo da CIA, quem permanece no X morre. É preciso se mover, assim como decisões de negócios devem ser tomadas e, depois, executadas. Na Spy Escape & Evasion, separo projetos de ação imediata de projetos de longo prazo. Decidi que, quando se trata de projetos de ação imediata, uma decisão deve ser tomada dentro de 24 horas. Exemplos que se enquadram nessa categoria são um novo modelo de newsletter, uma ideia para um artigo ou a organização de transporte para um cliente particular que participará de um treinamento. Projetos de longo prazo incluem novos procedimentos de envio, uma ideia para um webinar ou um conceito para um novo livro. Somente você pode saber quando se sente sufocado pelo processo. Defina quais itens podem ser eliminados da sua lista de tarefas por meio de decisões rápidas e quais requerem mais atenção. Predetermine um prazo para os projetos de ação imediata. Dê a si mesmo tempo suficiente para tomar uma decisão inteligente, mas não o bastante para analisar de forma exagerada e, assim, criar problemas maiores. Dividir seu processo de tomada de decisões dessa maneira simples facilita a vida, agiliza seu trabalho e elimina o estresse.

Quais/quem são suas fontes de apoio? Embora seja essencial acompanhar a concorrência e os vários desenvolvimentos que ocorrem no seu setor, não é necessário ficar de olho em tudo para permanecer relevante. Estabeleça uma base de foco para acessar e se apoie nela. Escolha eventos, empresas, participantes e publicações que fornecerão as informações mais valiosas e úteis, e se concentre nelas. Um agente secreto não percorrerá a cidade perguntando a várias pessoas o que acham que está acontecendo — ele determina quem são suas melhores fontes e depois maximiza as informações que obtém delas.

Conheça a linha de base do seu negócio: É essencial estar ciente da linha de base do seu próprio negócio. Isso pode incluir a quantia aproximada de receita mensal, despesas, pedidos recebidos para projetos específicos e tempo de trabalho realizado por seus funcionários. Grandes empresas têm softwares para monitorar tudo e analistas na equipe para acompanhar o que está acontecendo. É possível fazer o mesmo ao conhecer a linha de base do seu negócio. Despesas fora de controle? Talvez seja preciso mudar de fornecedor ou conversar com seus funcionários sobre essa questão. Se sua empresa é de menor porte como a minha, conhecer a linha de base pode alertá-lo sobre possíveis problemas antes que se tornem reais.

[MITOS DE AGENTE SECRETO DESVENDADOS]

APENAS ALGUMAS PESSOAS MUITO SELETAS TÊM ACESSO A SEGREDOS GOVERNAMENTAIS.

Falso!

Quando me refiro aos meus colegas ao longo deste livro, é fácil supor que todos se encaixam na mesma categoria (agentes secretos). Mas isso não é bem verdade. Existem muitos ramos diferentes na CIA e ainda mais níveis de habilitação de segurança. Mais de 5 milhões de pessoas nos EUA têm habilitação de segurança para acessar informações confidenciais. Quase 1,5 milhão de pessoas têm autorização para analisar documentos "ultrassecretos". A impressão é que "ultrassecreto" engloba todos os segredos mais valiosos da nação, mas a verdade é que existem vários níveis de habilitação de segurança que vão além de "ultrassecreto". Alguns desses níveis são tão elevados que nem sequer posso mencionar como são chamados. É sério.

CAPÍTULO 12

ELIMINAR, NÃO ACUMULAR

Como Executar uma Operação
Bem-sucedida com Menos

*Não se acumula, se elimina. Não se trata de aumento
diário, mas de redução diária. A altura do cultivo
sempre se direciona à simplicidade.*

— Bruce Lee

Quando comecei como empreendedor, me juntei à associação comercial local (para fazer contatos e conseguir oportunidades de palestras pagas) e desembolsei dinheiro para participar de dois grupos de "mastermind" (é caro, mas vale a pena). O dinheiro que ganhei graças às conexões nesses eventos mais do que compensaram as taxas, mas talvez o mais útil tenha sido um conselho brilhante que ouvi várias vezes e com o qual demorei um pouco para me identificar: *tenha cuidado com seus gastos à medida que progride, e observe suas despesas gerais.*

É comum que empreendedores percorram certo "ciclo de vida empresarial". Ao iniciar um negócio, você faz quase tudo sozinho. Provavelmente usa seu próprio dinheiro para financiar sua empresa, uma quantia que você nem sabe ao certo se tem, e trabalha *o tempo todo*. À medida que seu negócio começa a crescer, é possível contratar um ou dois funcionários para diminuir o fardo. Agora que se tem mais auxílio, as coisas podem realmente decolar. Os pedidos chegam, o telefone continua tocando e sua base de clientes aumenta. Antes que perceba, sua equipe de uma ou duas pessoas se expande para uma dúzia, e é necessário um espaço totalmente novo.

Tudo isso é essencial para a sobrevivência da empresa, mas também é caro. À medida que seu negócio continua a prosperar e o dinheiro entra, algumas grandes dores de cabeça surgem. E são dores crescentes que indicam que a parte difícil do ciclo de vida empresarial foi alcançada. Equipe, espaço, recursos, tudo equivale a grandes despesas gerais. De repente, você se vê pensando em crescer ainda mais só para poder suportar o quanto já cresceu (é um paradoxo). Enquanto isso, seus maiores desafios mudaram. Sua preocupação não é mais encontrar um cliente ou descobrir como produzir um novo produto; seu estresse se relaciona a decisões sobre benefícios dos funcionários e reparos no depósito. Esse não é o estilo de vida que imaginou. Você quer a renda, mas sem as dores de cabeça e os problemas.

Estou escrevendo este livro no escritório da minha casa. Demoro cerca de dez segundos para me locomover até ele e, se eu não for aparecer na TV ou palestrar em uma conferência, não me preocupo em vestir terno e gravata. Minha esposa e meus filhos estão no andar de cima. É uma vida boa. Também consegui ganhar milhões de dólares com a venda de itens de segurança e sobrevivência, livros e cursos online — coisas em que acredito fervorosamente. Mas, para mim, a verdadeira conquista é que decifrei o código de como fazer tudo isso da maneira mais eficiente e sem estresse possível. Fiz um balanço da empresa e consegui reduzir US$40 mil em despesas *por mês*.

À medida que a Spy Escape & Evasion avançava em seu ciclo de vida, não apenas contratei funcionários e aluguei um depósito onde embalávamos e transportávamos todos os produtos, mas também comprei um prédio de escritórios. Em pouco tempo, minha empresa se tornou desnecessariamente cara. Conforme o negócio avançava, minha equipe cresceu. Por fim, ficou claro que, embora a maioria dos meus funcionários fosse excelente, havia alguns que não estavam à altura e tive que dispensá-los. Em vez de fazer brainstorming sobre novos produtos ou participar de programas de televisão para fechar mais negócios, eu tinha que lidar com os salários dos funcionários e os reparos no prédio de escritórios. Nada disso era grande coisa, mas minha empresa estava sobrecarregada pelo excesso. Quando um agente secreto está em missão, é crucial que ele tenha tudo o que precisa para cumpri-la, seja um telescópio de alta potência, seja um veículo blindado disfarçado de minivan. Há certas coisas que ele terá em abundância: água, fósforos, munição. Todo o resto é um fardo. É algo que deve ser carregado, cuidado ou deixado para trás se ele tiver que fugir. Os agentes secretos eliminam o excesso e mantêm apenas o mais essencial. Por que eu fazia o oposto com minha própria empresa? Percebi que precisava analisar seriamente o que *de fato* necessitava para minha operação... e eliminar o resto. Ao escolher o que eu precisava para aumentar as chances de terminar minha missão (nesse caso, administrar uma empresa bem-sucedida e lucrativa), observei o seguinte:

Quem são os membros essenciais da equipe para essa operação? Há alguns membros da equipe que são a base da operação: minha equipe de atendimento ao cliente, minha equipe de marketing e meus nerds de TI. Aprecio todo seu esforço e deixo claro que eles desempenham um papel crucial na operação.

Como posso utilizar trabalho freelance? Um aspecto surpreendente da era tecnológica é que o trabalho qualificado — de copywriting à embalagem e envio — está a um ou dois cliques de distância. Comecei a contratar serviço externo, o que reduziu minhas despesas, mas também me permitiu conhecer alguns freelancers fantásticos, cujas habilidades realmente valorizo. Se você já recorre a freelancers, mas sua carga de trabalho está aumentando ou precisa de alguém que tenha uma área específica de especialização, contrate outros freelancers para ajudá-lo a alcançar o próximo nível.

Que tipo de espaço realmente preciso? Vender meu prédio de escritórios facilitou muito minha vida. Agora todos os nossos pedidos são processados em um centro de distribuição. Não tenho mais que lidar com as dores de cabeça de um depósito. Se preciso de uma sala para um evento ou uma reunião com uma empresa, posso alugar uma facilmente.

Após tomar essas medidas, me dei conta de que conseguira reduzir US$40 mil em despesas mensais. Não se trata apenas de dinheiro, mas de tempo e qualidade de vida. Ao desenvolver seu negócio, reflita sobre o que você *realmente* precisa. Não estou sugerindo que assuma tudo sozinho, mas seja honesto sobre o que é essencial para que sua operação funcione tranquilamente e de maneira lucrativa. Quando agentes da CIA estão em missão, itens extras não são vistos como luxos, mas como um fardo. Pode ser difícil perceber a diferença entre os dois às vezes: esse aspecto do meu negócio é essencial ou apenas acho que facilita minha vida? Lembra-se da ótima citação de Bruce Lee no início deste capítulo? Mantenho-a na minha mesa como um lembrete constante de que menos é mais. Menos significa menores despesas e complicações, porém mais tempo para dedicar às pessoas mais importantes para mim. E, como você já sabe, elas estão no andar de cima.

[PARTE TRÊS]

Como Proteger Seu Ativo Mais Importante

Como Detectar Falcatruas e Usar Medidas de Segurança Igual a um Agente Secreto

Proteção e segurança são duas das minhas principais preocupações, e me esforço para ficar atualizado sobre as maiores ameaças que os norte-americanos enfrentam atualmente. Faço isso porque não aceito viver com medo. Acredito em capacitar a mim mesmo e aos outros com informação, conhecimento e habilidades. Se você é como eu, se esforçou para construir sua empresa do zero. Valoriza sua liberdade e monitora sua própria carreira. Quero ajudá-lo a proteger um dos seus ativos mais importantes: sua empresa.

Assim, é essencial aprender a diferença entre alguém em quem se pode confiar e alguém que é melhor evitar. Além disso, embora a tecnologia tenha nos proporcionado muitas liberdades fantásticas (como a capacidade de manter contato durante uma viagem, responder a seu e-mail de pijama ou enviar mensagens da praia), ela também tem um lado perigoso. Parece que toda vez que assistimos ao noticiário, ouvimos mais um caso de violação ou fraude de dados. Atualmente a tecnologia é um componente fundamental para administrar qualquer empresa. Se utilizá-la corretamente (e com segurança), poderá continuar trabalhando no seu café favorito sem ter que se preocupar com uma violação de segurança.

CAPÍTULO 13

TESTE DA INTEGRIDADE

Como Montar Sua Equipe com Pessoas Honestas

Todos lemos ou vemos notícias sobre uma babá que é flagrada maltratando uma criança sob seus cuidados, um contador de uma pequena empresa que desvia centenas de milhares de dólares e um funcionário que rouba mercadorias da loja onde trabalha. Apesar da quantidade de más notícias, acredito que 99% dos seres humanos são bons, decentes e honestos, e esse é o tipo de pessoa com quem quero trabalhar. Tenho sorte de ter as habilidades necessárias para garantir a contratação de pessoas honestas e esforçadas. Não é surpresa que os agentes secretos sejam detectores de mentira humanos, bem versados na arte de detecção de falcatruas. Embora existam especialistas que passaram a vida estudando e aperfeiçoando seus conhecimentos nessa área, apenas conhecer alguns dos conceitos mais básicos sobre falcatrua pode ajudar a evitar a contratação de um ladrão ou uma pessoa desonesta. Por outro lado, saber como evitar comportamentos comuns que sinalizam que você está sendo enganoso também pode ajudá-lo a ser contratado de forma mais rápida, além de estabelecer conexões de negócios mais fortes. Ao montar minha equipe e decidir com quem quero trabalhar, sigo estas regras:

REGRA Nº 1:
AVALIE OS PRIMEIROS TRÊS A CINCO SEGUNDOS

Durante uma entrevista em que já se teve uma conversa aprofundada sobre a experiência anterior e o histórico profissional do candidato e o diálogo flui bem, todos os sinais apontam para uma provável compatibilidade... exceto por um aspecto: como você sabe que pode realmente confiar nessa pessoa? Admito que fiz entrevistas com candidatos que pareciam ótimos, mas então faço a pergunta crucial e descubro de imediato que não posso contratá-los. Os primeiros três a cinco segundos depois de fazê-la são fundamentais. Por quê? É simples: os seres humanos são péssimos mentirosos. É por isso que pergunto a mesma coisa a todos que cogito incluir na minha equipe:

"Conte-me sobre a última vez que furtou algo."

A formulação da frase é proposital. Não pergunto: "Você já furtou algo?", mas peço: "Conte-me sobre a última vez que furtou algo." É a mesma estratégia que o governo usa para avaliar potenciais recrutas ao dizer: "Conte-me sobre a última vez que usou drogas." Eles supõem que todos fizeram algo estúpido como fumar maconha na faculdade. Formular a frase como uma suposição faz com que o entrevistado aborde o problema diretamente.

A reação é tão importante quanto a resposta. A maioria demonstrará honestidade e integridade ao responder de imediato. As respostas típicas incluem tudo, desde "Furtei um chocolate na mercearia quando tinha 10 anos" a "Saí da biblioteca com um livro na mochila quando estava na escola primária". Todo mundo furtou algo em algum momento de suas vidas, mesmo que fosse apenas um pirulito extra da tigela de doces no consultório médico. É normal que as crianças ultrapassem limites, mas aprendem rapidamente que é errado. Se alguém responde rápido e com honestidade que roubou uma barra de chocolate, não me importo, porque isso é normal e não levanta suspeitas. No entanto, existem reações que me deixam em alerta, incluindo:

Inquietação e desconforto

Gaguejar

Períodos de silêncio

Olhar inexpressivo

Novamente, por sermos péssimos mentirosos, nosso cérebro precisa se esforçar para elaborar uma resposta. Em geral, as pessoas que têm as reações apresentadas anteriormente pensam no que podem dizer para que pareçam candidatos leais e adequados à vaga. Certa vez, entrevistei uma mulher que parecia desconfortável quando fiz essa pergunta, sua expressão era a própria definição de "pânico". Como sempre, informei que todo mundo já furtou algo em algum momento. "É normal e está tudo bem", falei. "Todos fazemos coisas estúpidas." Com o incentivo, a mulher se endireitou e explicou que roubara vários materiais de escritório de sua empresa anterior. Mas não parou por aí. Acabou que não eram apenas clipes ou algumas canetas; ela planejava iniciar um negócio concorrente e queria ter vantagem no departamento de suprimentos. Soube de imediato que não a contrataria. Uma coisa era ela achar que tudo bem fazer algo assim, como outro adulto havia dito, mas se sentir confortável com isso e compartilhar o fato com um empregador em potencial era outra.

REGRA Nº 2: O ACENO DE CABEÇA NUNCA MENTE

O aceno de cabeça é tão preciso que chega a ser cômico. Os agentes secretos que são treinados em detecção de falcatrua observam esse movimento o tempo todo, e às vezes é impossível não rir. Nossas cabeças sempre dizem a verdade. Se descobrir que sumiram alguns biscoitos do pote, pergunte ao seu filho se ele os comeu. Embora ele possa dizer que não (mesmo que seu rosto tenha migalhas), a cabeça assentirá veementemente. Garanto que você já viu esse fenômeno na mídia. Quando questionada sobre seu casamento, Hillary Clinton afirma que ela e Bill estão bem, mas não é difícil perceber que sua cabeça faz o movimento de negação. O mesmo aconteceu com o ex-senador John Edwards. Ao explicar que ficaria feliz em fazer um teste de paternidade em 2008, sua cabeça acenou em negação. Se um funcionário em potencial explicar que nunca teve problemas com um colega de trabalho, mas a cabeça assentir, ele estará dando a resposta, mas não verbalmente. Os especialistas em linguagem corporal dirão que o movimento da cabeça deve corresponder às palavras. Se uma pessoa afirmar: "Não, nunca fui preso", mas sua cabeça se movimentar suavemente para cima e para baixo é provável que ela não esteja dizendo a verdade.

REGRA Nº 3: OBSERVE AS TRÊS OMISSÕES

Não usar referências espaciais e termos sensoriais ao contar uma história é um indicador significativo de que a pessoa está sendo enganosa. Se ela contar uma história sobre uma negociação que conseguiu salvar, mas não usar termos sensoriais em sua descrição, tenha cuidado. "Eu me senti ótimo. Estava tão nervoso que o acordo não seria feito" ou "A caminhada até a sala de conferências foi longa, parecia durar uma eternidade" são exemplos que indicam veracidade. Outra omissão a observar? Mentirosos não usam linguagem simples, mas frases formais para dar ênfase. E geralmente se dissociam do fato. Um exemplo famoso é o de Bill Clinton, que disse: "Eu não fiz sexo com essa mulher." Não foi natural como "Eu e Mônica não tivemos nada"; há um distanciamento. Quando Sheryl Sandberg foi entrevistada na PBS sobre a grande violação de dados do Facebook, ela assentiu com a cabeça quando disse de forma pessoal: "Não fizemos um bom trabalho", indicando que era realmente o que sentia.

REGRA Nº 4: OBSERVE OS ELEMENTOS DE LIGAÇÃO

Usar elementos de ligação é como preencher lacunas. São frases às quais uma pessoa desonesta pode recorrer para tentar encobrir a verdade, geralmente sinalizando uma história absurda. Tome cuidado se a pessoa realçar o discurso com os seguintes elementos de ligação:

"E então..."

"E então eu, ela, ele, nós..."

"Em seguida, fiz..."

"Depois, só me lembro de..."

"Antes que percebesse o que estava acontecendo..."

"O que aconteceu depois foi..."

"De repente..."

Essas quatro regras podem ajudar a eliminar uma má pessoa, mas você também deve ser diligente em outras áreas. Fico surpreso com a relutância em fazer uma verificação de antecedentes sobre funcionários em potencial. Não é algo muito difícil ou caro de fazer e pode evitar uma quantidade enorme de problemas ao longo do processo. Sua empresa é seu maior ativo, portanto faça o possível para garantir a contratação dos melhores e mais inteligentes.

[CONCLUSÃO DAS HABILIDADES DE AGENTE SECRETO]

FAÇA PERGUNTAS INDIRETAS PARA INVESTIGAR A MENTE DE POTENCIAIS FUNCIONÁRIOS

Certamente, agentes da CIA não são os únicos que fazem perguntas incomuns para saber o que se passa na mente de alguém. Cada vez mais, empresas usam essa estratégia para obter informações adicionais sobre quem se candidata a uma vaga. O método engloba a inferência de informações sobre habilidades, conhecimento, valores e capacidade de resolução de problemas ao observar as respostas dadas. Como agente secreto, acho essa prática fácil e muito útil. Reuni as perguntas indiretas que mais gostamos de fazer na Spy Escape & Evasion.

SPY ESCAPE & EVASION
PERGUNTAS INDIRETAS PARA CANDIDATOS EM POTENCIAL.

Para avaliar a personalidade em geral:

"Qual é a sua cor preferida?"

> *Vermelho sugere agressividade e confronto.*
>
> *Azul ou verde sugere um temperamento pacífico.*

Para avaliar a habilidade de liderar, organizar e analisar:

"Como você argumentaria em uma discussão?"

Para avaliar a capacidade de resolução de problemas:

"Se estivesse preso em um liquidificador, o que faria para sair?"

Para avaliar a capacidade de superar desafios:

"Defina bala de goma sem usar a palavra *gelatina*."

Para avaliar o otimismo ou a abertura a possibilidades:

"Você acredita que há vida em outros planetas?"

Para avaliar honestidade em geral (observe se há pausas ou nervosismo antes da resposta):

"Conte-me sobre a última vez que furtou algo."

Para avaliar como alguém analisa as mudanças organizacionais:

"Se você fosse o CEO da última empresa na qual trabalhou, o que mudaria?"

Para avaliar a consciência de alguém sobre seu valor pessoal e suas principais habilidades:

"Se você fosse uma ação no mercado de valores mobiliários, por que alguém deveria adquiri-lo?"

[MITOS DE AGENTE SECRETO DESVENDADOS]

AGENTES SECRETOS COSTUMAM FREQUENTAR BARES DECADENTES E OUTROS ESTABELECIMENTOS DUVIDOSOS.

Falso!

Bem, em parte. Agentes da CIA em geral fazem o necessário para encontrar ativos e, se isso significa ir a bares decadentes, é o que farão. No entanto, há um local interessante onde seria comum encontrar um agente secreto: a livraria local. Acredite se quiser, durante o treinamento, os agentes da CIA costumam usar a livraria como base inicial das operações. Isso porque é um local onde as pessoas podem circular e passar o tempo sem levantar suspeitas. É comum que uma livraria esteja cheia de gente olhando livros em silêncio. Por fim, é o lugar perfeito para agentes secretos em treinamento, pois eles podem passear sem causar desconfiança enquanto esperam mais informações sobre seu próximo passo.

CAPÍTULO 14

SEGURANÇA CIBERNÉTICA
Maneiras Fáceis de Se Manter Seguro

Um dos elementos-chave da operação de uma empresa no qual muitos não gostam de pensar é a segurança cibernética. É fácil deixar essa questão de lado e decidir lidar com ela outro dia ou, infelizmente, nunca. Até que, de repente, ocorre uma violação de segurança — e você gostaria de ter se protegido.

A segurança cibernética é importante tanto para uma empresa de softwares quanto para uma loja de armarinhos. Todas são um alvo em potencial. Não é a parte mais divertida de administrar um negócio, mas não dar atenção a essa questão pode ser devastador. Para manter sua empresa e a si mesmo em segurança, considere os seguintes itens:

ITEM Nº 1: CUIDADO COM O USB

Quando o presidente Trump se encontrou com Kim Jong-un, líder supremo da Coreia do Norte, em Singapura, a temperatura estava alta. Fazia *calor*, e os jornalistas que cobriam a cúpula receberam uma sacola interessante, que continha garrafas de água, um leque com os rostos de Trump e Kim, e um miniventilador elétrico. Para se refrescar, bastava inserir o ventilador na porta USB do seu computador. Se isso parece uma péssima ideia, você está completamente certo. Reflita. Uma empresa chinesa fabricou ventiladores carregados por USB e o governo os forneceu aos repórteres; o que poderia dar errado?

A realidade é que o uso de dispositivos USB é um método extremamente comum de coleta de informação. Se a China alterou esses ventiladores USB para fins de espionagem, não seria a primeira vez. De acordo com uma reportagem do *Washington Post*: "Em 2008, agentes russos implantaram pendrives com vírus em quiosques de varejo ao redor do quartel-general da OTAN em Cabul, Afeganistão, para obter acesso a uma rede confidencial do Pentágono." O assustador é que os países que usam dispositivos USB para espionar não visam apenas outros agentes secretos, mas também têm como alvo cidadãos comuns como você e eu. Portanto, gostaria de compartilhar algumas precauções básicas:

> **Não confie em dispositivos desconhecidos:** Jamais conecte dispositivos USB que você não tenha comprado pessoalmente ou que não seja de alguém que conhece e confia. Se encontrar um dispositivo USB com um selo presidencial ou um grande adesivo escrito INFORMAÇÃO ULTRASSECRETA, não deixe sua curiosidade falar mais alto. Você provavelmente

se arrependerá quando seu computador for infectado por malware.

Compre apenas de empresas renomadas: Ao adquirir um dispositivo USB, compre-o de uma empresa ou fabricante com boa reputação. Certamente não recomendo comprar pelos Classificados ou pelo eBay.

Não compartilhe: Tenha cuidado ao usar o mesmo dispositivo em vários computadores. Sei que o objetivo de um pendrive é transferir arquivos. Porém isso é extremamente arriscado, pois será possível contaminar diferentes computadores se o dispositivo estiver infectado. Para compartilhar arquivos, use o armazenamento em nuvem, no qual há criptografia de informações. Usar um pendrive, cabo de recarga ou miniventiladores recarregáveis em diversos computadores pode infectar todos eles.

Use autenticação biométrica e senhas fortes: Dependendo do dispositivo, alguns USBs podem ser configurados para exigir autenticação biométrica ou senha. É recomendado utilizar essas opções pois, se o dispositivo for parar em mãos erradas, não será necessário se preocupar que a pessoa inserirá malware antes de devolvê-lo e, assim, colocar suas informações em risco.

ITEM Nº 2: CUIDADO COM A TECNOLOGIA PARA CASA E ESCRITÓRIO INTELIGENTE

Marcus, um homem de 31 anos de Springfield, Missouri, decidiu entrar na onda da casa inteligente e trocar todos os seus dispositivos para versões mais modernas e de alta tecnologia. Sério, TODOS. Ele não trocou apenas uma ou duas lâmpadas, mas gastou milhares de dólares em trinta lâmpadas LED da Phillips, dois termostatos Ecobee, oito sensores de temperatura para colocar em toda a casa e um Smart Lock da August para a porta da frente. Mas nem tudo são flores. Ao projetar seu ecossistema de casa inteligente, Marcus escolheu dispositivos compatíveis com o Apple HomeKit. Dessa forma, poderia usar o iPad como uma estação de base controlada por voz para todos os dispositivos conectados. Durante o primeiro mês, tudo funcionou perfeitamente. As luzes de sua casa se iluminavam gradualmente quando acordava e ele conseguia destrancar a porta da frente ao se aproximar.

Então, um dia, quando Marcus estava saindo para o trabalho, seu vizinho o parou na entrada da garagem e perguntou se ele poderia emprestar uma xícara de farinha. "Claro!", disse. Foi quando as coisas deram errado. Marcus viu seu vizinho simplesmente caminhar até a porta da frente e dizer: "Ei, Siri, destranque a porta da frente." A porta se abriu. Após o choque inicial, Marcus pediu para que seu vizinho fizesse o mesmo várias vezes para conferir se era um acaso ou se era realmente simples assim alguém entrar em sua casa. Infelizmente, em cada tentativa, a porta destrancou facilmente. O problema era que o iPad de Marcus estava na sala, não muito longe da porta da frente. O aparelho ouvia o comando do vizinho e abria a porta para ele. No dia seguinte, Marcus removeu a fechadura inteligente.

FATOR HUMANO

Para esclarecer, esse problema não foi causado por uma falha de segurança do iPad ou do Smart Lock da August. Aconteceu porque Marcus não colocou uma senha no iPad. Se o tivesse feito, teria que ir até o aparelho, digitar a senha e dizer: "Ei, Siri, destranque a porta da frente." Marcus admitiu que não fez isso, pois a ativação de uma senha anularia o propósito de ter uma tecnologia inteligente em sua casa. A intenção era ser capaz de controlar as coisas sem ter que fazer nada fisicamente.

O fato é que muitos lares e escritórios hoje são equipados com tecnologia inteligente. No entanto, um dos maiores riscos à segurança ao comprar, vender ou até alugar uma casa ou escritório inteligente é a vulnerabilidade dessa tecnologia: quais informações você expõe? As pessoas podem usá-las para entrar em sua casa ou escritório (ou ambos, se costuma trabalhar em casa como eu)? Aqui estão três aspectos a considerar caso compre, venda ou alugue um local com tecnologia inteligente:

> **Liste os dispositivos.** A primeira coisa que se deve fazer ao comprar uma nova casa ou alugar um escritório é listar os dispositivos de tecnologia inteligente instalados. Decida quais deseja manter e quais deseja eliminar, desativando-os de imediato.

Remova perfis antigos. A maioria dos dispositivos inteligentes possui um perfil de usuário que contém um registro de informações e hábitos. Por exemplo, a maioria dos sistemas de segurança registra quando você entra e sai, o que pode revelar seu horário de trabalho ou hábitos diários a um criminoso em potencial. Além disso, se houver uma taxa mensal associada a qualquer um dos dispositivos, ligue para a empresa de monitoramento e peça para remover suas informações de pagamento quando vender a casa. Não se esqueça de enviar os documentos necessários para atestar a mudança de proprietário.

Atualize e restaure. Sempre atualize e restaure as configurações de fábrica de todos os dispositivos inteligentes. Altere todas as senhas e nomes de usuário do sistema ao alugar ou comprar uma nova casa. Se possível, crie senhas e nomes de usuário exclusivos para contas administrativas que sejam diferentes dos logins diários. Por fim, redefina os códigos de acesso e de convidado para sistemas de alarme doméstico, portões e garagem. A última coisa que você quer é uma situação como a de Marcus, quando alguém pode entrar em sua casa para pegar uma xícara de farinha, ou algo mais.

Não tenho dispositivos inteligentes em minha residência, que também é onde trabalho com frequência. Eles são muito fáceis de invadir atualmente, o que representa um risco para minha casa e minha empresa. Se a energia acabar (ou todo o sistema cair), ainda desejo entrar pela porta da frente e não quero que meu negócio seja comprometido. Imagine não poder emitir comandos para sua casa porque o iPad está sem bateria e você não pode carregá-lo. Em outras palavras, gosto de manter as coisas simples e destrancar minha porta da maneira antiquada. Independentemente do que decidir ser adequado para sua casa e local de trabalho, tenha cuidado.

ITEM Nº 3: CUIDADO AO USAR INFORMAÇÕES VERDADEIRAS PARA CRIAR NOVAS CONTAS

Você está comprando online e encontra o presente de aniversário perfeito para sua esposa. É um lindo colar artesanal, vendido por um fabricante nacional de joias. Satisfeito, você o adiciona ao carrinho e começa a digitar as informações para fazer a compra. É solicitada a criação de uma conta, com informações como endereço, e-mail, número de telefone etc. Depois, vêm as típicas perguntas de segurança, como: "Qual é o nome de solteira da sua mãe?" Pare por aí e se prepare para mentir descaradamente. Quantas vezes você criou uma conta online e se deparou com perguntas que requeriam informações pertinentes, como sua data de nascimento ou o nome de solteira da mãe? Quando acontecer, invente! Invente algo que lembrará se precisar recuperar sua senha.

O motivo pelo qual se deve mentir é que esses detalhes são fáceis de descobrir ao usar mídias sociais (por isso é que se deve ter cuidado com o que publica). Digamos que você publique uma foto de sua mãe. A partir daí, um hacker seria capaz de examinar as contas de mídia social dela e descobrir com facilidade seu nome de solteira. Por fim, não se deve nem usar seu nome ao criar uma conta. Em vez disso, use outra palavra que lembrará, como "Havaí" ou "amendoim". O fato é que um post de mídia social inofensivo sobre uma reunião de família pode se tornar um grande estrago se a pessoa errada o vê e pesquisa um pouco mais a fundo.

SEMPRE VOLTE AO BÁSICO

Não reutilize: Uma das melhores coisas que se pode fazer para manter suas informações seguras é usar boas senhas. Nunca reutilize uma senha em vários sites e não se esqueça de alterá-las regularmente em TODAS as suas contas.

Opte pela autenticação de dois fatores: É importante também sempre habilitar a autenticação de dois fatores parar fazer login. Essa opção exigirá outra forma de identificação além da senha criada, como inserir um código enviado por mensagem ou e-mail.

Use um gerenciador: Outra opção a considerar é utilizar um gerenciador de senhas, como o LastPass. Isso o ajudará a armazenar com segurança as diferentes senhas de suas contas online.

Ataques cibernéticos são difíceis de impedir e punir, ou seja, eles só irão aumentar. A questão é que os crimes cibernéticos se tratam de números. Os hackers sabem que se contatarem um grande número de pessoas, em algum momento alguém morderá a isca. É por isso que muitos deles têm êxito e nunca são pegos. Quanto mais puder fazer para proteger suas contas online, melhor. Se dificultar que hackers invadam suas contas para coletar informações importantes, a probabilidade de passarem para outro alvo não tão seguro é maior.

ITEM Nº 4: SAIBA QUE OUTRAS PESSOAS PODEM ESTAR ESCUTANDO SUAS LIGAÇÕES PARTICULARES

Atualmente, estima-se que há 6 milhões de habitantes na região metropolitana de Washington, D.C. Com uma população assim, é fácil que pessoas (e coisas) se misturem. Digamos que alguém tenha deixado um pequeno item do tamanho de uma maleta em um beco ou embaixo de uma escada. Provavelmente passaria despercebido por um tempo. Bem, é exatamente isso que acontece *por toda* a capital dos EUA. Não são apenas maletas vazias ou sacos que pertencem a pessoas sem-teto. Também não são explosivos caseiros, graças a Deus. São pequenos aparelhos eletrônicos projetados para imitar uma torre de celular. Em outras palavras, esses dispositivos induzem seu telefone a se conectar a um deles, em vez de a uma torre de celular real, e interceptam sua ligação.

ALGUÉM ESTÁ ESCUTANDO

Segundo o Departamento de Segurança Interna (DHS, na sigla em inglês), esses dispositivos de espionagem são um risco crescente. Eles foram encontrados em várias áreas importantes, inclusive perto do Trump Hotel, na Pennsylvania Avenue. O DHS alerta que esses dispositivos podem impedir chamadas para o 911, além de interceptar ligações e mensagens. Ainda pior, as autoridades admitiram que não sabem quem os opera. É muito provável que sejam implantados por governos estrangeiros. A maioria das autoridades norte-americanas acredita que seja a China ou a Rússia. O ponto principal é que sabemos que nossas comunicações por celular são facilmente ouvidas e que uma quantidade enorme de dados é coletada de forma constante. De fato, um ex-colega da CIA recentemente me disse que acha que todos os telefonemas que faz são monitorados, e é provável que ele esteja certo. É por isso que quero apresentar três aplicativos diferentes para smartphones que podem criptografar suas chamadas telefônicas. Em prol de sua privacidade e segurança, recomendo usá-los, independentemente de onde mora.

1. **Silent Phone:** Esse aplicativo, disponível para iOS e Android, é gratuito para a maioria dos usuários. Ele protege ligações, videochamadas e mensagens com criptografia de ponta a ponta (desde que as duas pessoas o utilizem). O aplicativo permite a comunicação com os não usuários, mas ao menos você estará seguro. Além disso, é possível enviar com segurança arquivos PDF, DOCX, MOV, MP4, PNG e JPEG, um ótimo recurso se deseja manter negociações privadas. Você pode até fazer chamadas de conferência criptografadas. Assim, se quiser que todos os seus funcionários participem de uma chamada segura juntos, este seria o melhor aplicativo.

2. **Signal:** Outro aplicativo gratuito para telefones iOS e Android. Ele também usa criptografia de ponta a ponta, o que significa que o servidor nunca tem acesso a nenhuma das suas comunicações e não armazena nenhum dos seus dados. Um dos melhores aspectos desse aplicativo é que ele permite usar o mesmo número de celular; não requer a criação de logins, nomes de usuário, senhas ou PINs separados para usar o aplicativo. Para quem é especialista em tecnologia, esse aplicativo é de código aberto, ou seja, qualquer pessoa pode verificar seu protocolo de segurança para se certificar de que

é de alto nível. Outro recurso vantajoso é que se pode criar conversas em grupo totalmente criptografadas. O aplicativo nunca tem acesso aos metadados do grupo; portanto, não é possível identificar quem participa do chat.

3. **Apple FaceTime:** Aplicativo exclusivo para produtos Apple, mas é gratuito e está disponível para uso em iPhones, iPads, notebooks e desktops Mac. A Apple não tem como descriptografar os dados do FaceTime quando estão em trânsito entre dispositivos. Portanto, diferentemente dos serviços de mensagens de outras empresas, a Apple não consegue verificar suas comunicações. Mesmo que um tribunal federal ordenasse que ela as fornecesse, a empresa não seria capaz de fazê-lo simplesmente porque não armazena essas informações. Não há dúvida de que a Apple é uma das principais empresas de tecnologia quando se trata de proteger a segurança de seus usuários.

Hoje, eu aconselharia todo norte-americano a agir como se sempre houvesse alguém ouvindo suas ligações. Com a espionagem atual, todos estão em risco, mesmo que você não seja um funcionário secreto do governo.

Acredito em capacitação e autoconfiança. A verdade é que todos temos áreas de nossas vidas em que precisamos de mais ajuda do que outras. Sei por experiência que alguns empreendedores relutam em cuidar de sua própria segurança cibernética. Espero que este capítulo tenha mostrado a facilidade de implementar algumas das medidas de cibersegurança mais básicas e importantes para seu negócio. Afinal, você se esforçou para criar a empresa dos seus sonhos e merece que ela esteja segura e protegida do perigo.

AUTOCONFIANÇA:
O Poder Está em Você

Agradeço todos os dias por ter tido a oportunidade de trabalhar como agente secreto em prol dos EUA. Também tenho o privilégio de continuar trabalhando com ex-agentes secretos em meu dia a dia. Compartilhei muitos conceitos de espionagem e acredito plenamente que eles o ajudarão a expandir seus negócios, mas lembre-se de que tudo isso se resume a uma coisa: só você tem o poder de criar, construir e expandir o negócio com que sempre sonhou. Agentes secretos em campo são as pessoas mais autoconfiantes. Um profundo compromisso com a autoconfiança é o que manterá sua empresa avançando e prosperando, mesmo diante de obstáculos que fazem parecer impossível fazê-lo. Os agentes secretos enfrentam situações inimagináveis, e, nesses momentos sombrios, a única coisa que eles têm é a autoconfiança. Acredite que você também é capaz e possui as habilidades e a experiência certa para se cuidar e sobreviver em cada momento.

Sei que administrar uma empresa pode se parecer com escalar uma montanha; trata-se de colocar um pé na frente do outro, e geralmente parece que a jornada nunca terminará. Às vezes a subida fica mais fácil e se pode até parar e apreciar a vista. Então, fica difícil de novo. É nesses momentos de dificuldade que mais crescemos, pois descobrimos uma nova maneira de resolver um problema ou percebemos que estamos prontos para uma nova iniciativa. Enquanto avança, um passo após o outro, lembre-se de que o poder está em você. A autoconfiança sempre lhe dará forças para alcançar o topo de sua próxima montanha.

SEÇÃO BÔNUS

COMO SE TRANSFORMAR EM UMA PERSONALIDADE DA MÍDIA E GANHAR DINHEIRO PARA O SEU NEGÓCIO

Em vez de perguntar pelos profundos segredos sombrios do meu tempo na CIA (os quais nunca revelaria), o que as pessoas sempre querem saber é: "Como você conseguiu aparecer na TV? Como faço isso?" Não há como negar, vivemos em uma cultura obcecada por celebridades. Aqueles que escrevem livros, artigos para revistas e jornais ou aparecem na TV são considerados os principais especialistas em suas áreas (mesmo que nem sempre seja o caso). As pessoas *confiam* em quem veem na televisão. Como alguém que valoriza a privacidade e nunca sequer pediu pizza pelo delivery, eu não estava muito empolgado com a ideia de aparecer na TV diante de milhares, e posteriormente milhões, de pessoas. A verdade é que, embora minha carreira na CIA tenha me preparado para muitas coisas, em se tratando de televisão e outras formas de mídia, eu não fazia ideia do que estava fazendo. Não tinha uma única conexão útil no mundo televisivo. Assim, sabia que criar uma presença na mídia seria um enorme impulso para a minha marca (de forma gratuita) se pudesse descobrir como ser parte disso. Finalmente decidi que os prós superavam os contras, pois incluíam publicidade gratuita para minha empresa, exposição significativa e uma grande oportunidade de divulgar meus produtos e me apresentar como especialista. Os contras, por sua vez, se limitavam à possibilidade de parecer um idiota na frente de muitas pessoas. Resolvi que faria de forma metódica tudo o que pudesse para decifrar o código de como aparecer na TV. Tenho o prazer de dizer que consegui, e isso ajudou extremamente meu negócio. Agora auxilio outras pessoas a fazer o mesmo por meio da minha empresa de marketing. Participei de mais de trinta programas, incluindo os de audiência nacional, como *Today Show*, da NBC, *Good Morning America*, *Dateline*, *Fox & Friends* e *Shark Tank*, da ABC. Também sou convidado regular dos programas apresentados por Rachael Ray e Harry Connick Jr. Sei que disse esta frase algumas vezes ao longo deste livro, mas nunca é demais enfatizar: se posso fazer isso, qualquer um pode.

RESPIRAÇÃO DE COMBATE ALIVIA O ESTRESSE E A ANSIEDADE

Eu me preparo feito louco para aparições na televisão, e isso me deixa confiante de que tudo dará certo. No entanto, para muitas pessoas, não há nada mais angustiante do que aparecer na TV ao vivo. Os soldados em campo usam uma técnica chamada respiração de combate para controlar o estresse. Ela ajuda a pessoa a permanecer calma quando a adrenalina flui pelo corpo. A técnica é realizada da seguinte forma:

1. Inspire pelo nariz por quatro segundos.

2. Prenda a respiração por quatro segundos.

3. Expire pela boca por quatro segundos.

4. Prenda a respiração por quatro segundos.

O método também é conhecido como respiração quadrada, pois se pode visualizar um quadrado (quatro etapas de mesma duração). Repita o procedimento quantas vezes for necessário.

ELABORE SEU ARGUMENTO COM CUIDADO

Posso ser muito determinado, mas sabia que seria equivocado ligar aleatoriamente para os produtores e pedir que me colocassem na TV. Em vez disso, decidi elaborar um argumento convincente sobre por que eu merecia essa chance. Refleti muito sobre o que poderia oferecer para que alguém me desse essa oportunidade e, para chegar a uma conclusão, me fiz as seguintes perguntas:

› O que minha empresa tem de único?

› O que faço diferente dos outros no meu nicho?

› Pelo que sou conhecido?

› O que amigos e familiares acham mais interessante em relação ao meu trabalho?

› Por que as empresas me escolhem em detrimento da concorrência?

› Por que sou o melhor no que faço?

> › Quais são minhas qualificações exclusivas?

> › Como posso demonstrar minhas habilidades na televisão?

> › O que poderia fazer que seria marcante?

Embora minha vida como ex-agente da CIA tenha me trazido influência, não era o suficiente para me garantir uma participação em um programa. Existem muitos outros ex-agentes da CIA por aí. Mas, quando comecei a ponderar meu nicho e o que meus amigos e familiares achavam mais interessante sobre meu trabalho, algo específico me ocorreu. Uma das coisas que ensino aos meus clientes para fins de segurança é como escapar com facilidade quando suas mãos estão presas com fita adesiva. Esse é o principal método usado por criminosos e sequestradores, pois a fita adesiva é acessível, barata e aparentemente quase impossível de escapar. O fato é que é muito fácil se libertar, e ensino às pessoas como escapar se seus pulsos e tornozelos estiverem presos, mesmo que a uma cadeira. Elas ficam maravilhadas sempre que demonstro a técnica. É simples, rápido, qualquer um pode fazer, e a reação de surpresa é sempre a mesma. Foi quando percebi que esse impacto era minha entrada para a TV.

DETERMINE SEU IMPACTO

Não inventei a fuga da fita adesiva, mas *mostrei* como é fácil escapar se souber como fazê-lo. É uma habilidade muito poderosa que ensinei a crianças e avôs de 83 anos, e demonstrei inúmeras vezes na televisão em todo o país. O impacto foi o que me garantiu uma participação em todos esses programas.

Você deve estar pensando que não tem uma fuga de fita adesiva ou algo parecido. Não importa. Todos têm um processo, metodologia, truque, demonstração, ferramenta ou fórmula única que pode transformá-lo em celebridade. Orientei muitas pessoas e empresas, e sempre conseguimos pensar em algo empolgante o suficiente para a TV. Joy Mangano, cujo patrimônio é estimado em US$50 milhões e cuja história de vida foi transformada em filme, começou na televisão limpando chão. Algo parece mais chato? Mas ela sabia que, quando demonstrasse como torcer um esfregão de sua invenção sem tocar na água suja, as pessoas reagiriam. Esse foi o impacto que a tornou incrivelmente rica. A Krazy Glue comprovou a eficácia de seu produto ao colar o capacete de um construtor civil em uma viga de aço para mostrar como a cola poderia suportar facilmente o peso de um homem adulto. A superioridade das facas Ginsu foi demonstrada aos consumidores quando viram a facilidade com que as lâminas cortavam uma lata.

Embora algumas dessas cenas sejam surpreendentes, o impacto não se trata necessariamente de chocar, mas de mostrar uma característica única, da qual as pessoas podem não estar cientes e que tem o poder de melhorar suas vidas.

CARACTERÍSTICAS DE UM BOM IMPACTO

› É visual e envolve algum tipo de demonstração. Os programas de TV não querem falatório. Você e eu não somos George Clooney ou Angelina Jolie — celebridades que podem ir à TV e apenas conversar.

Pessoas comuns como nós devem impressionar com uma demonstração visual.

> É rápido e pode ser executado em um período bastante curto. Os blocos de programas de TV têm no máximo alguns minutos.

> Proporciona aos espectadores uma solução para um problema ou apresenta um item que torna sua vida mais confortável.

> Não é muito difícil de executar; as pessoas em casa precisam sentir que é algo que também podem fazer.

> É algo que se pode fazer facilmente, sempre — tem pouca ou nenhuma margem para erro. Você não quer demonstrar seu impacto na TV apenas para perceber que não consegue nem começar.

Tive sorte, pois a ideia do meu impacto era óbvia. Embora possa ser necessário fazer um brainstorming para descobrir o seu, lembre-se de que, quando se é especialista em alguma coisa, é fácil esquecer que possui uma habilidade aparentemente não muito importante para você, mas extraordinária para outras pessoas. Por exemplo, se administra uma empresa de paisagismo, talvez saiba como revitalizar plantas mortas em pleno inverno. É apenas um trabalho diário para você, mas, para todos que são péssimos em jardinagem, é muito impressionante. A vantagem do impacto é que ele não se limita a nenhum negócio específico. Cabeleireiros, tosadores de cães, paisagistas, padeiros, contadores, preparadores físicos, todo especialista pode compartilhar uma informação de maneira única e usá-la para impressionar as pessoas.

> *CINCO MOMENTOS DE IMPACTO DURANTE
> OPERAÇÕES REAIS DA CIA*
>
> ---
>
> 1. Usar a carcaça de um animal morto para esconder mensagens de espionagem.
>
> 2. Colocar fita adesiva dupla na porta de um carro para coletar impressões digitais de um chefe do narcotráfico.
>
> 3. Fazer anotações em um caderno inflamável que pega fogo quando tocado por um lápis especial.
>
> 4. Subornar um garçom para pegar pratos e talheres usados por um criminoso procurado internacionalmente e usá-los para testes de DNA.
>
> 5. Ocultar sua verdadeira identidade carregando panfletos e cartões de visita falsos para aparentar ser uma pessoa comum. Vá em frente, ligue para o número: funciona.

PRATIQUE CONSTANTEMENTE

Após descobrir qual é seu impacto, pratique-o. Mesmo que já tivesse escapado da fita adesiva literalmente centenas de vezes, pratiquei feito louco. Queria garantir que minha abordagem fizesse sentido, que fosse clara, fácil de seguir e suficientemente empolgante. Elaborei uma explicação concisa sobre por que esse truque era importante. Queria que um potencial produtor (e o público) entendesse que não era apenas uma manobra divertida (ainda que seja), mas uma técnica que pode salvar vidas e que absolutamente todo mundo deveria aprender. Pratique seu impacto o máximo que puder — na frente de um espelho, para família, amigos, estranhos, qualquer pessoa. Além disso, pondere o que pode dar errado e tenha um plano alternativo por precaução. Toda vez que faço esse método na TV, levo vários rolos de fita. Ainda que, felizmente, não haja muitos possíveis problemas com esse truque, pode ser que eu derrube a fita e ela saia rolando pelo palco. Se isso acontecer ao vivo na televisão, posso rir, pois tenho outro rolo disponível na minha bolsa.

ALERTA: NÃO CONCORDE EM FAZER ALGO QUE TALVEZ NÃO CONSIGA APENAS PARA APARECER NA TV

Não faça nada que não comprove que você é um verdadeiro especialista. Pode ser tentador ir a um programa e fazer uma tentativa apenas para aparecer na TV, mas não vale a pena. Participei do *Rachael Ray Show* mais de dez vezes e sou grato a Rachael e seus produtores. Porém certa vez eles me contataram e pediram que eu mostrasse às pessoas como abrir uma fechadura. Eles queriam que a demonstração fosse feita na fechadura de um arquivo. Sou muito bom nisso e geralmente consigo realizar a tarefa em menos de 30 segundos (curiosamente, na TV, é muito tempo). Sei que nem sempre as coisas acontecem como o planejado quando se trata de abrir fechaduras. Por exemplo, se a fechadura for complexa, podem ser necessárias cinco tentativas para abri-la. Em rede nacional, você não tem esse tempo e acabará parecendo o oposto de um especialista. Não é uma situação favorável.

Contrariei meu bom senso e concordei em participar do *Rachael Ray Show*. Felizmente, consegui abrir a fechadura do arquivo na primeira tentativa e o bloco do programa foi ótimo. Fiquei muito aliviado porque sabia que poderia ter dado errado. Quão vergonhoso seria se não tivesse conseguido? Aqueles poucos minutos seriam terríveis. O que é pior, algo assim pode viralizar — ex-agente especialista da CIA é um fracasso em abrir fechaduras. O que seria pior para a minha marca? Recomendo que você não cometa o mesmo erro que eu. Não faça nada que possa prejudicá-lo.

COMO CRIAR A APRESENTAÇÃO PERFEITA PARA TV E GANHAR DINHEIRO COM ISSO

Você praticou seu impacto repetidamente e se sente pronto para promover sua apresentação nos programas de TV. Antes de contatar os produtores (compartilharei a melhor maneira de fazer isso em breve), recomendo que você progrida. É ótimo ter uma habilidade impressionante, mas suas chances de aparecer na TV aumentarão se criar uma boa apresentação, com um contexto, e a certeza de que ela combina com o programa. Se é como eu e tem contas a pagar, precisa favorecer sua apresentação de modo que ela gere renda para sua empresa. Adoro compartilhar meu conhecimento sobre sobrevivência e segurança, e quero ajudar as pessoas, mas aparecer na televisão ocupa um tempo valioso e só fará sentido se trouxer rendimento. Sempre me surpreendo quando vou a um programa de TV e converso com os outros convidados no camarim sobre o motivo de estarem lá. A maioria afirma querer compartilhar conhecimento e estar feliz por comparecer, mas não tem nada para vender e não espera ganhar dinheiro. Embora isso seja admirável, não faz sentido. O que essas pessoas não entendem é que seus "15 minutos de fama" poderiam render-lhes milhares, dezenas de milhares ou até milhões de dólares. Mesmo se você trabalha em uma organização sem fins lucrativos, pense em como transformar esse momento em um gerador de renda para sua organização. Os doadores recebem uma sacola ecológica? Desconto nos ingressos para um evento? O ponto principal é que qualquer um pode oferecer um produto ou um serviço como incentivo. Segui um processo simples de várias etapas e apareci na TV inúmeras vezes. Se deseja ganhar mais dinheiro e chamar atenção para o seu negócio estando na TV, recomendo que faça o seguinte:

Primeiro passo: Pesquise programas apropriados. É essencial saber quais programas combinam com seu impacto. Qual deles atrai mais pessoas locais? Também é importante observar a duração dos blocos. É comum que tenha vários? Por exemplo, Rachael Ray costuma me fazer demonstrar uma habilidade e depois uma segunda após o intervalo. Os blocos são filmados em estúdio ou remotamente? Há filmagens fora do estúdio? Sua habilidade de impacto se encaixa no formato? Também é uma boa ideia observar quais programas chamam sua atenção e podem atrair um público semelhante. Por exemplo, se uma emissora tivesse um bom programa de segurança sobre armas, que é um princípio que sigo e promovo, eu daria atenção a ele. Mantenha uma lista atualizada de programas que despertam seu interesse.

Segundo passo: Defina "por que agora". Por que seu impacto é importante para a audiência do programa agora? Crie um senso de urgência e relevância ao elaborar sua apresentação. Quando divulguei minha fuga de fita adesiva pela primeira vez, certifiquei-me de contextualizá-la para os produtores.

Expliquei que a habilidade poderia salvar vidas, pois a maioria dos sequestradores e criminosos usa esse método para amarrar suas vítimas. Também salientei que, com meu conhecimento secreto, uma criança ou um idoso poderia executá-la de forma fácil. De repente, parecia muitíssimo importante que todos aprendessem.

Questione-se:

> Por que todos precisam ver meu impacto agora?

> Como essa habilidade pode mudar a vida de alguém neste momento?

Lembre-se: sua habilidade não precisa mudar o curso da história nem mesmo salvar a vida de alguém. Se descobriu como fazer lanches que todas as crianças comeriam, mesmo as mais exigentes, isso facilitaria a vida de muitos pais. Trata-se de mostrar o valor de sua habilidade. Não encontrou nenhum programa alinhado ao que você faz? Basta se inspirar em como os outros apresentam e divulgam suas habilidades. Como transmitem sua importância? Como criam um senso de urgência? Concentram-se em quais aspectos de suas habilidades ou produtos?

Terceiro passo: Foque o visual. A televisão é uma arte visual e é fundamental que seu impacto esteja de acordo. Se possui uma rede de lavanderias e desenvolveu um método de remoção de manchas que funciona em qualquer peça, pense em como exibir essa habilidade na TV. O público precisa enxergar cada etapa do processo. Se não der para ver claramente a mancha de ketchup na camiseta antes e depois da técnica, ninguém ficará impressionado. Pratique seu impacto de novo e dessa vez se pergunte o que o público verá. Se não for visual o suficiente, faça os ajustes apropriados.

Quarto passo: Planeje o tempo. Não há margem para erros em um programa de televisão. Sua apresentação precisa ser cronometrada perfeitamente, e você deve executar sua habilidade em um tempo razoável. Um bloco em um programa de notícias local terá cerca de três a quatro minutos de duração e o de um programa de entrevistas nacional poderá ter de oito a dez minutos. Como você começará na TV local, é necessário que sua apresentação tenha cerca de quatro minutos. Mesmo que já a tenha feito várias vezes (como fiz com minha fuga da fita adesiva em seminários e outros eventos), é preciso praticar muito. Ao ficar ansioso, é possível que você se atrapalhe e se atrase, ou fale mais rápido e termine antes. Seria vergonhoso ter quatro minutos e não estar nem na metade da apresentação quando o tempo acabasse? Pratique para executar cada momento da demonstração exatamente da mesma maneira e com o mesmo tempo.

Quinto passo: Organize. Assim que finalizar os passos anteriores, organize tudo de uma maneira que se sinta confortável. Você pode escrever um roteiro e praticar com amigos e familiares ou gravar a apresentação para revisá-la e fazer ajustes. Independentemente do método que escolher, é fundamental praticar. Quanto maior a prática, menor a ansiedade.

[DICA DE PROFISSIONAL]

USE FERIADOS A SEU FAVOR

Produtores sempre buscam apresentações que se encaixem em feriados. Na verdade, é possível aumentar suas chances de aparecer na televisão ao criar demonstrações apropriadas para essas datas. Por exemplo, na temporada de compras de Natal, eu provavelmente divulgaria uma apresentação sobre como se manter seguro no estacionamento do shopping. O que quer que você esteja vendendo, pense em como pode relacioná-lo a um feriado. Seu serviço de paisagismo é um presente perfeito para o Dia dos Pais? Crie uma apresentação sobre o que se deve ou não fazer ao limpar o jardim. Se for mecânico, use o Dia do Trabalho para falar sobre a importância da manutenção do carro. Relacionar seu negócio aos feriados é uma ótima maneira de destacar sua apresentação e se inserir aos poucos no mercado nacional.

> ## *A PERGUNTA INESPERADA*
>
> Agentes da CIA são treinados para pensar rápido. Assim, quando são questionados de forma inesperada, conseguem elaborar uma resposta apropriada. Para fazer o mesmo, crie seu próprio grupo de foco e realize pesquisas de mercado. Faça sua apresentação para o maior número possível de amigos, familiares e colegas de trabalho, e peça a eles que o questionem — não importa qual seja a pergunta. Repetir esse processo resultará em perguntas inusitadas sobre seu serviço ou produto. Com isso, você estará pronto para responder a qualquer questionamento.

DOMINE A ARTE DE NÃO VENDER

Depois de criar sua apresentação, é o momento de pensar em como vender seu produto ou serviço ao *não* vendê-lo. Sei que acabei de dizer que não despenderia tempo para aparecer na televisão se não fosse para vender. Embora seja verdade, há uma diferença entre vender algo e *descaradamente* parecer que está vendendo algo. A segunda opção dá a impressão de que se é ganancioso, o que causa desinteresse. É preciso dominar a arte de não vender.

Sempre incorporo a não venda à minha apresentação. Por exemplo, um de nossos produtos mais vendidos é a caneta de autodefesa, também conhecida como caneta tática. Tenho muitos depoimentos de pessoas cujas vidas foram salvas por ela. Se meu objetivo final é

COMO SE TRANSFORMAR EM UMA PERSONALIDADE...

vender esse produto, intitularei a apresentação de "Cinco ferramentas pouco conhecidas de autodefesa que manterão as mulheres seguras à noite". Ou talvez "A principal ferramenta de autodefesa para estudantes universitários". Depois de me apresentar como ex-agente da CIA e especialista em segurança, iniciarei a demonstração, explicando as cinco ferramentas de autodefesa mais recomendadas para mulheres. De propósito, finalizarei com a caneta tática, salientando como ela pode ser importante se alguém o ataca. Se meu foco for estudantes universitários, demonstrarei como usar a caneta tática para autodefesa, bem como para quebrar a janela de um táxi ou Uber, caso seu motorista seja psicopata (pode acontecer).

No final do bloco, o apresentador geralmente me pergunta onde se pode adquirir uma dessas canetas, e é quando digo o nome do meu site (posteriormente, falarei sobre como aproveitar esse momento de outras formas e explicarei como obter ainda mais retorno). É fundamental que sua apresentação ofereça conteúdo muito valioso às pessoas. Não se pode parecer um vendedor charlatão, pois isso só lhe trará prejuízo. Observação: uso esta fórmula de apresentação o tempo todo e funcionou para vender desde meus livros e canetas táticas a lanternas e meu curso de treinamento da Ultimate Spy Week.

CONSEGUIR O SIM:
Como Abordar Produtores e Garantir Sua Presença na TV

Você encontrou seu impacto, criou a apresentação perfeita, praticou a não venda e consegue finalizar sua demonstração em exatamente quatro minutos, mesmo dormindo. Agora é a hora de começar a abordar os produtores sobre sua presença no programa. Você pode ter a habilidade mais impactante possível, mas não comece a ligar para os produtores de um programa nacional, pois é muito difícil conseguir participar, e, embora esse seja um objetivo ótimo (e plausível), é preciso ir devagar.

Pense localmente: O ponto principal é que é muito mais fácil conseguir participar da TV local do que de um programa nacional. As emissoras locais sempre têm tempo para preencher, porque buscam atrações em uma área menor, enquanto os programas nacionais têm acesso a quase todos os especialistas ou as celebridades que desejam, e eles podem procurar em todo o país (não apenas no raio de 48km em torno da cidade). Um programa nacional também precisa acompanhar os acontecimentos atuais; portanto, um bloco sobre a melhor maneira de treinar seu cão será facilmente substituído se uma crise nacional ou internacional precisar ser noticiada. Além de ser mais fácil participar de programas locais, os riscos não são tão altos. Se a sua primeira aparição não for tão tranquila como o esperado, ainda há possibilidade de que o convidem novamente. Os padrões podem não ser os mesmos, mas estrague sua demonstração em rede nacional e nunca mais o chamarão para voltar ao programa.

Para encontrar emissoras locais interessadas em sua demonstração, basta analisar as opções de onde mora. Utah, a cidade onde resido, é tão pequena que literalmente não havia emissoras locais. Tive que ir até Salt Lake City e Las Vegas para encontrá-las. Não eram programas pequenos, mas também não tinham alcance nacional, então resolvi arriscar. Se você mora em grandes cidades, como Nova York ou Los Angeles, talvez seja interessante ir além da sua área. Uma das minhas primeiras aparições em um programa, *Good Things Utah*, em Salt Lake City, me proporcionou um aumento de renda, então me dispus a buscar qualquer outra emissora no raio de duas horas da minha casa, o que ampliou consideravelmente as opções. E, francamente, se você quer ser um empresário que ganha milhões, viajar por duas horas não é um grande sacrifício. Depois que constatar o quão lucrativo é aparecer na televisão, ficará feliz de embarcar em um avião.

Firmar presença na televisão leva tempo. Quando comecei, me lembrava com frequência de que, quando um agente secreto trabalha em uma operação, pode levar meses apenas para identificar um ativo em potencial. Depois de um tempo sem grandes pistas, um agente secreto costuma reavaliar sua abordagem. Estou percorrendo as áreas adequadas? Estou seguindo as pistas certas? Seja paciente durante esse processo, mas, se não obtiver nenhuma resposta para seus e-mails, reavalie sua abordagem. Pense em outro título para o assunto, ajuste seu impacto, reescreva seu e-mail ou tente emissoras diferentes.

Identifique os produtores certos: Após fazer uma lista de todas as emissoras que lhe interessam, é preciso conseguir as informações de contato do produtor que escolhe as pessoas para o programa.

Questione-se se quer gastar dinheiro nessa parte do processo ou se prefere fazer por conta própria. A última opção funciona, mas pode ser demorada. Confira o site de cada emissora e pesquise as informações de contato do produtor do programa ou do produtor responsável pelos agendamentos (é a mesma pessoa). Às vezes, você encontrará apenas um endereço de e-mail genérico, como info@newstation.com. Nesse caso, envie sua carta de apresentação para esse e-mail e aguarde.

Se tiver orçamento para desembolsar um pouco de dinheiro, é possível contratar uma empresa que forneça informações de contato de mídia, como a Cision ou a Muck Rack, nos EUA. Os custos desses serviços podem variam de algumas centenas de dólares por mês a vários milhares de dólares por ano. A vantagem é que eles têm informações atualizadas de centenas de milhares de contatos de mídia. Você pode encontrar produtores de emissoras, editores de revistas, editores de jornais, enfim, qualquer tipo de contato de mídia que desejar. Independentemente da opção escolhida, após conseguir sua lista de produtores e endereços de e-mail, não os contate em hipótese alguma. Não se pode simplesmente enviar um e-mail ao produtor de um programa e esperar que ele aceite sua participação. Antes, é preciso criar o e-mail de divulgação perfeito.

Escreva um e-mail de divulgação que o produtor de fato lerá: Elaborar um e-mail de divulgação que realmente será lido não é extremamente difícil. É muito provável que um e-mail de divulgação bem escrito, cuidadosamente elaborado e personalizado seja lido. Em contrapartida, não posso dizer o mesmo de um e-mail genérico iniciado com "Prezados Senhores" ou "A quem possa interessar". Além disso, ninguém lerá uma carta detalhada e excessivamente longa que não é objetiva. É essencial promover de imediato suas habilidades e credibilidade. Tenha em mente que produtores de emissoras recebem inúmeros e-mails todos os dias. Até mesmo produtores locais de noticiários são bombardeados diariamente com e-mails de pessoas que querem participar do programa. Para elaborar meus e-mails de divulgação, que acarretam inúmeras respostas, sigo algumas regras simples.

REGRA Nº 1:
CRIE UM TÍTULO PODEROSO PARA O ASSUNTO

Se o título do assunto for atrativo, o produtor (ou, mais provavelmente, seu estagiário ou assistente) abrirá o e-mail. Sou grato por agora poder começar o meu título com "autor best-seller do *New York Times*". Mas, antes de escrever um livro, tive sorte com alguns tipos de assunto. Eles são objetivos, mostram um senso de urgência e imediatamente indicam ao produtor o que faço:

› "Ex-agente da CIA revela segredos de espionagem para sobreviver a sequestros"

› "Ex-agente da CIA dá três dicas de como manter as crianças seguras no Halloween"

› "Ex-agente da CIA na cidade — apenas por dois dias"

› "Ex-agente da CIA revela segredos de defesa doméstica para moradores de Tempe"

REGRA Nº 2:
ADÉQUE SEU DISCURSO ESPECIFICAMENTE PARA CADA PROGRAMA

Fazer isso é essencial. Inicie o e-mail com um comentário personalizado sobre o programa. Algo parecido com: "Tom, sou um grande fã do *Good Morning Wisconsin*. As demonstrações que vocês têm feito sobre *fly fishing* são realmente ótimas."

REGRA Nº 3: SEJA OBJETIVO

O e-mail deve ser breve. Não faça um produtor procurar pela informação. Se a pessoa não souber de imediato por que você enviou um e-mail, sua mensagem será descartada. Os produtores não leem e-mails de cinco páginas sobre o quão bom você é e por que deveria participar do programa.

> "Estou lhe enviando um e-mail porque os assaltos a residências estão mais recorrentes. Sou ex-agente da CIA e tenho quatro ideias simples de como manter os proprietários seguros."

REGRA Nº 4: NUNCA INCLUA ANEXOS

Um produtor não abrirá seu anexo, pois isso daria mais trabalho a ele. É provável que ele pare de ler seu e-mail e o descarte. Informações importantes sobre você ou sua apresentação devem estar no corpo do e-mail.

REGRA Nº 5: INCLUA LINKS SOBRE SEUS ÊXITOS

É ótimo incluir links de artigos sobre você ou suas participações anteriores na televisão. Eles também devem ser mencionados no corpo do e-mail.

REGRA Nº 6: ESTABELEÇA UM PRAZO

Inclua um prazo em seu e-mail para reforçar a necessidade de resposta e para que queiram entrar em contato com você. É um pequeno incentivo, então não seja um idiota. Inserir um prazo é algo como "Estou disponível nessas datas" ou "Estarei na cidade semana que vem". Ser ríspido, como "Se me quiser no seu programa, preciso de uma resposta em 24 horas", definitivamente *não* lhe possibilitará uma participação na TV.

[DICA DE PROFISSIONAL]

REALIZE UM TESTE DE DIVISÃO COM OS ASSUNTOS

Elabore dois assuntos expressivos. Se tiver uma lista de e-mails de mil pessoas, envie o assunto A para uma metade e o assunto B para a outra metade. Em vez de divulgar sua apresentação na TV, fale sobre seu produto ou serviço. Depois de enviar os e-mails, observe qual deles obtém a melhor taxa de resposta. Também é possível analisar qual deles tem a melhor taxa de cliques e gera mais vendas. O assunto que acarretar mais reações é o vencedor. Minha lista de e-mails atual tem 190 mil pessoas, e costumo realizar testes de divisão para cada produto divulgado.

MONTE O QUEBRA-CABEÇA

É claro que se deve elaborar um e-mail que represente melhor quem você é, por que deveria aparecer na TV e por que seu impacto é imperdível para o público. A seguir, há um exemplo de e-mail (eficaz) que escrevi para dar uma ideia de como reunir todos os aspectos já mencionados:

ASSUNTO VENCEDOR

Assunto: Ex-agente da CIA e autor best-seller do New York Times

Olá, Julie,

Eu me chamo Jason Hanson.

Sou ex-agente da CIA e autor best-seller do *New York Times* pelo livro *Spy Secrets That Can Save Your Life.*

Nos dias 4 a 6 de setembro, viajarei a Denver para tratar de negócios e estarei a cerca de 11km da emissora.

Ensino às pessoas como utilizar segredos de espionagem para escapar da fita adesiva em casos de sequestro (a fita adesiva é o principal método utilizado pelos sequestradores a nível mundial para imobilizar suas vítimas).

É uma demonstração empolgante a que as pessoas adoram assistir. Acredito que os apresentadores a acharão divertida e proveitosa.

Também posso compartilhar algumas dicas pouco conhecidas sobre defesa doméstica com base nos esconderijos da CIA (infelizmente, houve mais de 53.400 assaltos a residências em Denver no ano passado).

Você pode acessar minha biografia pelo link: https:// spyescapeandevasion.com/jason-hanson-biography/

Você pode conferir minhas participações anteriores na TV pelo link: https://spyescapeandevasion.com/press/

Se precisar de esclarecimentos, estou à disposição. Se for possível e apropriado para você, estou disponível para ir ao programa dia 5 ou 6 de setembro pela manhã.

Agradeço sua atenção.

Atenciosamente,

Jason Hanson

[Meu endereço de e-mail]

[Meu celular]

[DICA DE PROFISSIONAL]

O INCENTIVO ADICIONAL

Se seguir as regras rigorosamente, é muito provável que receba uma resposta em alguns dias. Caso contrário, dê um incentivo adicional. O incentivo adicional é apenas um e-mail de follow--up que reforça um pouco a necessidade de resposta. Sempre que tenho que recorrer a essa estratégia, incluo um trecho no texto, como:

Olá, Julie,

Não gostaria que perdesse a chance de ler...

Eu me chamo Jason Hanson.

Sou ex-agente da CIA e autor best-seller do New York Times pelo livro Spy Secrets That Can Save Your Life.

> ### EXEMPLOS DE TRECHOS QUE PODEM REFORÇAR A NECESSIDADE DE RESPOSTA:
>
> ---
>
> - "Minhas táticas de segurança escolar podem salvar a vida de uma criança hoje."
> - "Os assaltos na região dobraram no mês passado."
> - "Cinquenta por cento das pessoas não estão preparadas para a próxima temporada de furacões."

COMO DOMINAR SUA PRIMEIRA PARTICIPAÇÃO NA TV E SER CONVIDADO NOVAMENTE

Parabéns. Você conseguiu sua primeira participação na TV em uma emissora local. Se realizada corretamente, ela pode iniciar uma nova fase em sua vida e proporcionar rendimentos infinitos para seu negócio. Para constar, eu estava um pouco ansioso na minha primeira apresentação no *Good Things Utah*. Embora sempre pesquise o máximo possível antes de fazer algo novo, teria apreciado receber dicas de alguém que já havia passado por isso. Os produtores adoram quando alguém facilita a vida deles. Eles têm pessoas confiáveis, interessantes e disponíveis para se apresentar sempre que precisarem. Meu objetivo era ser a referência para demonstrações sobre segurança e sobrevivência.

Para facilitar seu progresso, elaborei algumas das melhores dicas para que um convidado seja uma opção desejável para a TV. Se você incorporar as dicas a seguir em sua primeira participação, se sairá bem e é provável que seja convidado novamente.

Vista-se de acordo: Sempre uso terno preto e gravata na televisão. Acredito que é a aparência esperada para um ex-agente da CIA. Adoraria vestir jeans e camiseta, mas não transmitiria confiabilidade. Não estou dizendo que todos devem usar terno. Se sua especialidade for em uma área que possibilita roupas descontraídas, vá em frente. Apenas se certifique de que sua aparência passa a imagem de especialista que deseja.

Chegue com antecedência: Chegar atrasado para uma apresentação na televisão é um completo desastre. Os blocos são perfeitamente cronometrados, e chegar tarde arruinará a programação do produtor — e você nunca será convidado novamente. Há tanto cuidado na rede nacional que enviam um carro para que você não se perca, mesmo quando se está a alguns quarteirões de distância. Se não conhecer a região, percorra o caminho com antecedência. Se for de avião, tente chegar um dia antes. Reserve um tempo maior do que precisa para chegar até o estúdio.

Verifique seus acessórios: Jamais suponha que o estúdio terá o que você precisa para sua apresentação. Leve tudo e não se esqueça dos adicionais. Se usar itens que requerem pilhas, leve um pacote a mais. Meu agente secreto interior sempre se prepara em excesso para demonstrações na televisão. Estar preparado garante que nada dê errado. Saber que se tem tudo o que precisa é a solução para o estresse.

Não aja como fã: À medida que estabelecer uma presença na mídia e começar a participar de programas nacionais, você encontrará celebridades no camarim. Quando acontecer, apenas cumprimente e siga seu caminho, mesmo que seja seu artista favorito. A pior coisa que se pode fazer é agir como um fã irritante e inconveniente. Você perceberá se quiserem conversar com você. Certa vez, eu estava no camarim com outro convidado que não parava de falar com uma celebridade. Quando o produtor entrou, ela olhou para ele como se dissesse: "Tire esse cara de perto de mim." Produtores querem que as celebridades retornem ao programa, então, se você for o tipo de pessoa que incomoda os outros, não será convidado novamente.

É como uma conversa entre dois bons amigos: Quando chegar sua vez de se apresentar, você será acompanhado até o estúdio. O operador de câmera lhe mostrará a contagem regressiva. Assim que o bloco entrar no ar, o apresentador olhará diretamente para a câmera e lerá o teleprompter para dizer quem você é. Enquanto isso, olhe diretamente para a câmera e sorria. Depois, o apresentador se dirigirá a você. Esse é o sinal para começar a compartilhar informações com o público. Converse com o apresentador, e não com a câmera. É como ter uma conversa casual com um bom amigo. Esqueça a câmera. Continue sua demonstração exatamente como praticou. Ao finalizar, o apresentador olhará de volta para a câmera e mencionará seu livro, produto ou serviço antes de passar para o próximo bloco.

Saia ao terminar: Assim que sair do ar, alguém retirará seu microfone e o produtor o acompanhará até a saída. É um processo rápido e profissional. Não pense que poderá ficar lá sentado, conversando. Programas de TV têm um ritmo frenético, um caos organizado; e é preciso ir direto para o próximo bloco.

COMO TRANSFORMAR SUA APRESENTAÇÃO EM VÁRIAS APRESENTAÇÕES

Com sorte, tudo correu bem e toda a prática valeu a pena. Se você fez um bom trabalho, chegou na hora certa, se comportou de maneira profissional e fez uma ótima apresentação, é provável que lhe convidem novamente. Se encontro o produtor na saída, agradeço por ter me recebido e digo que tenho várias outras ideias que renderiam ótimos blocos. Muitas vezes, eles o convidam para voltar antes que você mencione a possibilidade.

> **A autocrítica:** Sempre quero melhorar, então critico com atenção minhas próprias participações na televisão assim que recebo uma cópia da gravação. Uma vez, sentei com as pernas esticadas e, após analisar o vídeo, percebi que era terrível. Certifiquei-me de nunca sentar daquele jeito novamente. Também presto atenção ao meu ritmo, minha voz e meu vocabulário. Quando tiver a oportunidade de assistir à sua participação, observe o seguinte:
>
> - Sua roupa era adequada? Você trocaria alguma peça na próxima vez?
>
> - Você falou de forma clara e com tom apropriado?
>
> - Há interjeições que precisa evitar na próxima vez? Você disse "hum" entre uma frase e outra?
>
> - Como estava sua postura?
>
> - Seu ritmo pode melhorar? Você falou rápido ou devagar demais?
>
> - Sua demonstração foi clara e impactante o suficiente para impressionar o público?
>
> - Seus acessórios eram apropriados e estavam visíveis?

O valor adicional do follow-up: O ideal é que o produtor entre em contato e pergunte sobre outras apresentações. Caso contrário, envie um e-mail de follow-up nos dias que se seguirem. De qualquer forma, é importante sugerir várias ideias para os blocos. Dê ao produtor uma variedade de opções que mostrem suas habilidades. Uma ótima razão para enviar várias ideias é que, se um programa nacional lhe chamar, é possível que gravem mais de um bloco. Isso é vantajoso para todos. A seguir, apresento um exemplo de e-mail de follow-up que me garantiu vários retornos ao programa:

[PRIMEIRO NOME,]

Agradeço imensamente por ter me recebido no seu programa. A seguir, há várias outras ideias para um bloco. Avise-se se precisar de mais. Obrigado.

1. ARMA IMPROVISADA: Há muitos lugares onde armas são proibidas, como um avião. Mas é permitido levar uma lata de refrigerante e uma meia. Se sentir que está em perigo, coloque a lata de refrigerante dentro da meia. Se bater em alguém com ela, causará sérios danos. Pode ser divertido colocar uma lata em uma meia e deixar o [NOME DO APRESENTADOR] dar umas pancadas em alguma coisa (não em mim). Talvez em uma mesa de madeira, para que se possa ouvir o baque da lata.

2. COMO DETER UM AGRESSOR QUE AGARRA SEU CABELO POR TRÁS: Criminosos costumam fazer isso com as mulheres quando as seguem até o carro em um estacionamento. Posso ensinar o movimento simples para se livrar de um agressor que agarra o cabelo por trás.

3. USAR UMA BENGALA COMO ARMA: À medida que as pessoas envelhecem, é comum que usem bengalas, que podem ser levadas para qualquer lugar. Eu poderia mostrar alguns movimentos simples, como onde atingir uma pessoa com a bengala para ter oportunidade de fugir.

4. COMO ESCAPAR DE UM GOLPE MATA-LEÃO: Há uma maneira simples de escapar se um criminoso lhe der um mata-leão e tentar socá-lo repetidamente.

5. O QUE FAZER SE ALGUÉM JOGÁ-LO NO CHÃO E FICAR EM CIMA DE VOCÊ: Seria uma posição muito embaraçosa, mas provavelmente engraçada, o que faria o público rir. Eu e o [NOME DO APRESENTADOR] ficaríamos em posição de luta livre. O [APRESENTADOR] estaria no chão, eu ficaria em cima dele como se fosse um agressor, então, eu ensinaria como me deter.

Jason

Você percebeu que dei aos produtores várias opções de ideias, pois não basta enviar a eles uma só. Facilite o máximo possível para que encontrem uma sugestão de que gostem e, assim, você seja convidado novamente ao programa. Lembre-se: cada participação em um programa significa dinheiro extra no seu bolso.

SOBRE O AUTOR

Jason R. Hanson é um ex-agente da CIA, autor best-seller do *New York Times* e empreendedor em série. Além de sua empresa de sobrevivência, ele administra uma empresa de marketing que ajuda empresários a expandir seus negócios. Jason reside em Cedar City, Utah, com sua família, e pode ser contatado pelo site www.SpymasterBook.com [conteúdo em inglês].

CONHEÇA OUTROS LIVROS DA ALTA BOOKS

Todas as imagens são meramente ilustrativas.

CATEGORIAS
Negócios - Nacionais - Comunicação - Guias de Viagem - Interesse Geral - Informática - Idiomas

SEJA AUTOR DA ALTA BOOKS!

Envie a sua proposta para: autoria@altabooks.com.br

Visite também nosso site e nossas redes sociais para conhecer lançamentos e futuras publicações!
www.altabooks.com.br

ALTA BOOKS
EDITORA

/altabooks • /altabooks • /alta_books

Este livro foi impresso nas oficinas gráficas da Editora Vozes Ltda.,
Rua Frei Luís, 100 – Petrópolis, RJ.